LE CAPITAINE PAUL

PAR

ALEXANDRE DUMAS

I

Vers la fin d'une belle soirée du mois d'octobre de l'année 1779, les curieux de la petite ville de Port-Louis étaient rassemblés sur la pointe de terre qui fait pendant à celle où, sur l'autre rive du golfe, est bâti Lorient. L'objet qui attirait leur attention et servait de texte à leurs discours était une noble et belle frégate de 32 canons, à l'ancre depuis huit jours, non pas dans le port, mais dans une petite anse de la rade, et qu'on avait trouvée là un matin, comme une fleur de l'Océan éclose pendant la nuit. Cette frégate, qui paraissait tenir la mer pour la première fois, tant elle semblait coquette et élégante, était entrée dans le golfe sous le pavillon français dont le vent déployait les plis, et dont les trois fleurs de lis d'or brillaient aux derniers rayons du soleil couchant. Ce qui paraissait surtout exciter la curiosité des amateurs de ce spectacle, si fréquent et cependant toujours si nouveau dans un port de mer, c'était le doute où chacun était du pays où avait été construit ce merveilleux navire, qui, dépouillé de toutes ses voiles serrées autour des vergues, dessinait sur l'occident lumineux la silhouette gracieuse de sa carène, et l'élégante finesse de ses agrès. Les uns croyaient bien y reconnaître la mâture élevée et hardie de la marine américaine; mais la perfection des détails qui distinguait le reste de sa construction contrastait visiblement avec la rudesse barbare de ces enfans rebelles de l'Angleterre. D'autres, trompés par le pavillon qu'elle avait arboré, cherchaient dans quel port de France elle avait été lancée; mais bientôt tout amour-propre national cédait à l'évidence, car on demandait en vain à sa poupe cette lourde galerie garnie de sculptures et d'ornemens, qui formait la parure obligée de toute fille de l'Océan ou de la Méditerranée née sur les chantiers de Brest ou de Toulon; d'autres encore, sachant que le pavillon n'était souvent qu'un masque destiné à cacher le véritable visage, soutenaient que les tours et les lions d'Espagne eussent été plus à leur place à l'arrière du bâtiment que les trois fleurs de lis de France; mais à ceux-ci on répondait en demandant si les flancs minces et élancés de la frégate ressemblaient à la taille rebondie des galions espagnols. Enfin il y en avait qui eussent juré que cette charmante fée des eaux avait pris naissance dans les brouillards de la Hollande, si la hauteur et la finesse de ses mâtereaux n'avaient point, par leur dangereuse hardiesse, donné un démenti aux prudentes constructions de ces anciens balayeurs des mers. Au reste, depuis le matin (et, comme nous l'avons dit, il y avait de cela huit jours) où cette gracieuse vision était apparue sur les côtes de la Bretagne, aucun indice n'avait pu fixer l'opinion, que nous retrouvons encore flottante au moment où nous ouvrons les premières pages de cette histoire, attendu que pas un homme de l'équipage n'était venu à terre sous quelque prétexte que ce fût. On pouvait même ignorer, à la rigueur, s'il existait un équipage, car, si l'on n'eût aperçu la sentinelle et l'officier de garde, dont la tête dépassait parfois les bordages du navire, on eût pu le croire inhabité. Il paraît néanmoins que ce bâtiment, tout inconnu qu'il était demeuré, n'avait aucune intention hostile; son arrivée n'avait point paru inquiéter les autorités de Lorient, et il avait été se placer sous le feu d'un petit fort que la déclaration de guerre entre l'Angleterre et la France avait fait remettre en état, et qui étendait en dehors de ses murailles, et au-dessus de la tête même des curieux, le cou allongé d'une batterie de gros calibre.

Cependant, au milieu de la foule de ces oisifs, un jeune homme se distinguait par l'inquiet empressement de ses questions. Sans que l'on pût deviner pour quelle cause, on voyait facilement qu'il prenait un intérêt direct à ce bâtiment mystérieux. Comme à son habit élégant on avait reconnu l'uniforme des mousquetaires, et que ces gardes de la royauté quittaient rarement la capitale, il avait d'abord été pour la foule une distraction à sa curiosité, mais bientôt on avait retrouvé dans celui qu'on croyait un étranger le jeune comte d'Auray, dernier rejeton d'une des plus vieilles maisons de la Bretagne. Le château habité par sa famille s'élevait sur les bords du golfe de Morbihan, à six ou sept lieues de Port-Louis. Cette famille se composait du marquis d Auray, pauvre vieillard insensé qui, depuis vingt ans, n'avait point été aperçu hors des limites de son domaine; de la marquise d'Auray, femme dont la rigidité de mœurs et l'antiquité de la noblesse pouvaient seules faire excuser la hautaine aristocratie; de la jeune Marguerite, douce enfant de dix-sept à dix-huit ans, frêle et pâle comme la fleur dont elle portait le nom, et du comte Emmanuel, que nous venons d'introduire sur la scène, et autour duquel la foule s'était rassemblée, dominée qu'elle est toujours par un beau nom, un brillant uniforme, et des manières noblement insolentes.

Toutefois, quelque envie qu'eussent ceux auxquels il s'adressait de satisfaire à ses questions, ils ne pouvaient lui répondre que d'une manière vague et indécise, puisqu'ils ne savaient sur la frégate que ce que leurs conjectures échangées avaient pu leur en apprendre à eux-mêmes. Le comte Emmanuel était donc prêt à se retirer, lorsqu'il vit s'approcher de la jetée une barque conduite par six rameurs; elle amenait directement vers les groupes dispersés sur la grève un nouveau personnage qui, dans un moment où la curiosité était si vivement excitée, ne pouvait manquer d'attirer sur lui l'attention. C'était un jeune homme qui paraissait âgé de vingt à vingt-deux ans à peine, et qui était revêtu de l'uniforme d'aspirant de la marine royale. Il était assis ou plutôt couché sur une peau d'ours, la main appuyée sur le gouvernail de la petite barque, tandis que le pilote, qui, grâce au caprice de son chef, se trouvait n'avoir rien à faire, était assis à l'avant du canot. Du moment où l'embarcation avait été aperçue, chacun s'était retourné de son côté, comme si elle apportait un dernier espoir d'obtenir les renseignements tant désirés. Ce fut donc au milieu d'une partie de la population de Port-Louis que la barque, poussée par le dernier effort de ses rameurs, vint s'engraver à huit ou dix pieds de la plage, le peu de fond qu'il y avait en cet endroit ne lui permettant pas d'avancer plus loin. Aussitôt, deux des matelots quittèrent leurs rames, qu'ils rangèrent au fond de la barque, et descendirent dans la mer, qui leur monta jusqu'aux genoux. Alors le jeune enseigne se souleva nonchalamment, s'approcha de l'avant, et se laissa enlever entre leurs bras et déposer sur la plage, afin que pas une goutte d'eau ne vînt tacher son élégant uniforme. Arrivé là, il ordonna à la barque de doubler la pointe de terre qui s'avançait encore de trois ou quatre cents pas dans l'Océan, et de l'attendre de l'autre côté de la batterie. Quant à lui, il s'arrêta un instant sur le rivage pour réparer le désordre qu'avait apporté dans sa coiffure le mode de transport qu'il avait été forcé d'adopter pour y parvenir, puis il s'avança, en fredonnant une chanson française, vers la porte du petit fort, qu'il franchit, après avoir légèrement rendu à la sentinelle le salut militaire qu'elle lui avait fait comme à son supérieur.

Quoique rien ne soit plus naturel dans un port de mer que de voir un officier de marine traverser une rade et entrer dans un bastion, la préoccupation des esprits était telle, qu'il n'y eut peut-être pas un des personnages composant cette foule éparse sur la côte qui ne se figurât que la visite que recevait le commandant du fort ne fût relative au vaisseau inconnu qui faisait l'objet de toutes les conjectures. Aussi, lorsque le jeune enseigne reparut sur la porte, se trouva-t-il presque enfermé dans un cercle si pressé, qu'il manifesta un instant l'intention de recourir à la baguette qu'il tenait à la main pour se le faire ouvrir; cependant, après l'avoir fait siffler deux ou trois fois avec une affectation parfaitement impertinente, il parut tout à coup changer de résolution, et, apercevant le comte Emmanuel, dont l'air distingué et l'uniforme élégant contrastaient avec l'apparence et la mise vulgaire de ceux qui l'entouraient, il marcha à sa rencontre au moment où, de son côté, celui-ci faisait un pas pour s'approcher de lui. Les deux officiers ne firent qu'échanger un coup d'œil rapide, mais ce coup d'œil suffit pour qu'ils reconnussent à des signes indubitables qu'ils étaient gens de condition et de race. En conséquence, ils se saluèrent aussitôt avec l'aisance gracieuse et la politesse familière qui caractérisaient les jeunes seigneurs de cette époque.

— Pardieu! mon cher compatriote, s'écria le jeune enseigne, car je pense que, comme moi, vous êtes Français, quoique je vous rencontre sur une terre hyperboréenne, et dans des régions, sinon sauvages, du moins passablement barbares, pourriez-vous me dire ce que je porte en moi de si extraordinaire pour que je fasse révolution en ce pays, ou bien un officier de marine est-il une chose si rare et si curieuse à Lorient, que sa seule présence y excite à ce point la curiosité des naturels de la Basse-Bretagne? Ce faisant, vous me rendrez, je vous l'avoue, un service que, de mon côté, je serai enchanté de reconnaître, si jamais pareille occasion se présentait pour moi de vous être utile.

— Et cela sera d'autant plus facile, répondit le comte Emmanuel, que cette curiosité n'a rien qui soit désobligeant pour votre uniforme, ni hostile à votre personne; et la preuve en est, mon cher confrère (car je vois à vos épaulettes que nous occupons à peu près le même grade dans les armées de Sa Majesté), que je partage avec ces honnêtes Bretons la curiosité que vous leur reprochez, quoique j'aie des motifs probablement plus positifs que les leurs pour désirer la solution du problème qu'ils poursuivent en ce moment.

— Eh bien! reprit le marin, si je puis vous aider en quelque chose dans la recherche que vous avez entreprise, je mets mon algèbre à votre disposition; seulement nous sommes assez mal ici pour nous livrer à des démonstrations mathématiques. Vous plairait-il de nous écarter quelque peu de ces braves gens, qui ne peuvent servir qu'à brouiller nos calculs?

— Parfaitement, répondit le mousquetaire; d'autant plus, si je ne m'abuse, qu'en marchant de ce côté je vous rapproche de votre barque et de vos matelots.

— Oh! qu'à cela ne tienne; si cette route n'était pas celle qui vous convient, nous en prendrions quelque autre. J'ai le temps, et mes hommes sont encore moins pressés que moi. Ainsi, virons de bord, si tel est votre bon plaisir.

— Non pas, s'il vous plaît; allons de l'avant, au contraire; plus nous serons près du rivage, mieux nous causerons de l'affaire dont je veux vous entretenir. Marchons donc sur cette langue de terre tant que nous y trouverons un endroit où mettre le pied.

Le jeune marin, sans répondre, continua de s'avancer en homme à qui la direction qu'on lui imprime est parfaitement indifférente, et les deux jeunes gens, qui venaient de se rencontrer pour la première fois, marchèrent appuyés sur le bras l'un de l'autre, comme deux amis d'enfance, vers la pointe du cap qui, pareil au fer d'une lance, se prolonge de deux ou trois cents pas dans la mer. Arrivé à son extrémité, le comte Emmanuel s'arrêta, et étendant la main dans la direction du navire:

— Savez-vous ce que c'est que ce bâtiment? demanda-t-il à son compagnon.

Le jeune marin jeta un coup d'œil rapide et scrutateur sur le mousquetaire; puis, reportant son regard vers le vaisseau:

— Mais, répondit-il négligemment, c'est une jolie frégate de trente-deux canons, portée sur son ancre de touée, avec toutes ses voiles averguées, afin d'être prête à partir au premier signal.

— Pardon, répondit Emmanuel en souriant, mais ce n'est pas cela que je vous demande. Peu m'importe le nombre des canons qu'elle porte, et sur quelle ancre elle chasse: n'est-ce pas comme cela que vous dites? — Le marin sourit à son tour. — Mais, continua Emmanuel, ce que je désire savoir, c'est la véritable nation à laquelle elle appartient, le lieu pour lequel elle est en partance, et le nom de son capitaine.

— Quant à sa nation, répondit le marin, elle a pris soin de nous en instruire elle-même, ou ce serait une infâme menteuse. Ne voyez-vous pas le pavillon qui flotte à sa corne? c'est le pavillon sans tache, un peu usé pour avoir trop servi : voilà tout. Quant à sa destination, c'est, ainsi que vous l'a dit, lorsque vous le lui avez demandé, le commandant de la place, le Mexique. — Emmanuel regarda avec étonnement le jeune enseigne.— Enfin, quant à son capitaine, cela est plus difficile à dire. Il y en a qui jureraient que c'est un jeune homme de mon âge ou du vôtre ; car je crois que nous nous suivions de près dans le berceau, quoique la profession que nous exerçons tous deux puisse mettre un grand intervalle entre nos tombes. Il y en a d'autres qui prétendent qu'il est de l'âge de mon oncle, le comte d'Estaing, qui, comme vous le savez sans doute, vient d'être nommé amiral, et qui, dans ce moment, prête main-forte aux rebelles d'Amérique, comme quelques-uns les appellent encore en France. Enfin, quant à son nom, c'est autre chose : on dit qu'il ne le sait pas lui-même, et, en attendant qu'un heureux événement le lui fasse connaître, il s'appelle Paul.

— Paul ?

— Oui, le capitaine Paul.

— Paul de quoi?

— Paul de *la Providence*, du *Ranger*, de *l'Alliance*, selon le bâtiment qu'il monte. N'y a-t-il pas aussi en France quelques-uns de nos jeunes seigneurs qui, trouvant leur nom de famille trop écourté, l'allongent avec un nom de terre, et surmontent le tout d'un casque de chevalier ou d'un tortil de baron, si bien que leur cachet et leur carrosse ont un air de vieille maison qui fait plaisir à voir? Eh bien! il en est ainsi de lui. Pour le moment, il s'appelle, je crois, Paul de *l'Indienne :* et il en est fier ; car si j'en juge par mes sympathies de marin, je crois qu'il ne changerait pas sa frégate contre la plus belle terre qui s'étende du port de Brest aux bouches du Rhône.

— Mais enfin, reprit Emmanuel, après avoir réfléchi un instant au singulier mélange d'ironie et de naïveté qui perçait tour à tour dans les réponses de son interlocuteur, quel est le caractère de cet homme ?

— Son caractère? oh! mais, mon cher... baron... comte... marquis?

— Comte, répondit Emmanuel en s'inclinant.

— Eh bien ! mon cher comte, je disais donc que vous me poussez vraiment d'abstractions en abstractions, et lorsque j'ai mis à votre disposition mes connaissances algébriques, ce n'était pas tout à fait pour nous livrer à la recherche de l'inconnu. Son caractère? Eh! bon Dieu! mon cher comte, qui peut parler sciemment du caractère d'un homme, excepté lui-même? et encore... Tenez, moi, tel que vous me voyez, il y a vingt ans que je laboure, tantôt avec la quille d'un brick, tantôt avec celle d'une frégate, la vaste plaine qui s'étend devant nous. Mes yeux, si je puis m'exprimer ainsi, ont vu l'Océan presque en même temps que le ciel. Depuis que ma langue a pu souder deux mots, et mon intelligence coudre deux idées, j'ai interrogé et étudié les caprices de l'Océan. Eh bien ! je ne connais pas encore son caractère, et cependant quatre vents principaux et trente-deux aires l'agitent : voilà tout. Comment voulez-vous donc que je juge l'homme, bouleversé qu'il est par ses mille passions?

— Aussi ne vous demandais-je pas, mon cher... duc... marquis... comte?

— Enseigne, répondit le jeune marin en s'inclinant comme avait fait Emmanuel.

— Je disais donc que je ne vous demandais pas, mon cher enseigne, un cours de philosophie sur les passions du capitaine Paul. Je voulais seulement m'enquérir auprès de vous de deux choses : d'abord, si vous le croyez homme d'honneur?

— Il faut, avant tout, s'entendre sur les mots, mon cher comte. Qu'entendez-vous bien précisément par *honneur*?

— Permettez-moi de vous dire, mon cher enseigne, que la question est des plus bizarres. L'honneur, mais c'est l'honneur.

— Voilà justement la chose : un mot sans définition, comme le mot Dieu. Dieu aussi c'est Dieu, et chacun se fait un Dieu à sa manière : les Égyptiens l'adoraient sous la forme d'un scarabée, et les Israélites sous la forme d'un veau d'or. Il en est ainsi de l'honneur. Il y a l'honneur de Coriolan, celui du Cid, et celui du comte Julien. Précisez mieux votre question, si vous voulez que j'y réponde.

— Eh bien! je demandais si l'on pouvait se fier à sa parole?

— Oh! quant à cela, je ne crois pas qu'il y ait jamais manqué. Ses ennemis, et l'on n'arrive pas où il en est sans en avoir quelques-uns, ses ennemis mêmes, ai-je dit, n'ont jamais douté qu'il ne tînt pas jusqu'à la mort le serment qu'il aurait fait. Ainsi donc, ce point est éclairci, croyez-moi. Sous ce rapport, c'est un homme *d'honneur.* Passons à la seconde question, car, si je ne me trompe, vous désirez savoir quelque chose encore?

— Oui, je désirais savoir s'il obéirait fidèlement à un ordre de Sa Majesté?

— De quelle Majesté?

— Vraiment, mon cher enseigne, vous affectez une difficulté de compréhension qui me paraît infiniment mieux aller à la robe du sophiste qu'à l'uniforme du marin.

— Pourquoi cela? Vous m'accusez d'ergotisme, parce qu'avant de répondre je veux savoir à quoi je réponds ? Nous avons huit ou dix Majestés, à l'heure qu'il est, assises tant bien que mal sur les différens trônes de l'Europe : nous avons Sa Majesté Catholique, majesté caduque, qui se laisse arracher, morceaux par morceaux, l'héritage que lui a légué Charles-Quint; nous avons Sa Majesté Britannique, majesté entêtée, qui se cramponne à son Amérique comme Cynégire au vaisseau des Perses, et à qui nous couperons les deux mains si elle ne la lâche pas; nous avons Sa Majesté Très Chrétienne, que je vénère et que j'honore...

— Eh bien ! c'est de celle-là que je veux parler, interrompit Emmanuel. Croyez-vous que le capitaine Paul serait disposé à obéir à un ordre que je lui porterais de sa part?

— Le capitaine Paul, répondit l'enseigne, obéira, comme chaque capitaine doit le faire, à tout ordre émané du pouvoir qui a droit de lui commander, à moins que ce ne soit quelque corsaire maudit, quelque pirate damné, quelque flibustier sans aveu, ce dont je doute à la vue de la frégate qu'il monte, et à la manière dont elle me semble tenue. Il a donc dans un tiroir de sa cabine une commission signée d'une puissance quelconque. Eh bien! si cette commission porte le nom de Louis et est scellée des trois fleurs de lis de France, il n'y a aucun doute qu'il n'obéisse à tout ordre scellé du même sceau et signé du même nom?

— Alors, voilà tout ce que je voulais savoir, répondit le jeune mousquetaire, qui commençait à s'impatienter des réponses étranges de son interlocuteur. Je ne vous ferai donc plus qu'une seule demande.

— A vos ordres, monsieur le comte, répondit l'enseigne, pour celle-là comme je l'ai été pour les autres.

— Savez-vous un moyen d'aller à bord de ce bâtiment?

— Voilà, répondit le marin en étendant la main vers sa barque, que berçait dans une petite anse le flux de la mer?

— Mais cette barque, c'est la vôtre ?

— Eh bien! je vous conduirai.

— Vous connaissez donc ce capitaine Paul?

— Moi? pas le moins du monde! mais, en ma qualité de neveu d'un amiral, je connais naturellement tout chef de bâtiment, depuis le contre-maître qui dirige le canot qui cherche une aiguade, jusqu'au vice-amiral qui commande l'escadre qui va au feu. D'ailleurs, nous autres marins, nous avons certains signes secrets, certaine langue maçonnique à l'aide de laquelle nous nous reconnaissons pour des frères, sur quelque point de l'Océan que nous nous rencontrions. Ainsi donc, acceptez mon offre avec la même franchise que je vous la fais. Moi, mes rameurs et ma barque sommes à votre disposition.

— Eh bien! dit Emmanuel, rendez-moi ce dernier service et...

— Et vous oublierez l'ennui que je vous ai causé par mes divagations, n'est-ce pas, interrompit l'enseigne en souriant. Que voulez-vous, mon cher comte, continua le marin en faisant un signe de la main qui fut aussitôt compris des rameurs, la solitude de l'Océan nous a donné, à nous autres enfans de la mer, l'habitude du monologue. Pendant le calme, nous appelons le vent, pendant la tempête nous appelons le calme, et pendant la nuit nous parlons à Dieu.

Emmanuel jeta encore un regard de doute sur son compagnon, qui le supporta avec cette apparente bonhomie qui s'était étendue sur son visage chaque fois qu'il était devenu un objet d'investigation pour le mousquetaire. Celui-ci s'étonnait de ce mélange de mépris pour les choses humaines et de poésie pour les œuvres de Dieu; mais ne voyant, au bout du compte, dans l'homme étrange qu'il avait devant lui, qu'une personne disposée à lui rendre, quoique avec des formes bizarres, le service qu'il réclamait, il accepta l'offre qu'il lui avait faite. Cinq minutes après, les deux jeunes gens s'avançaient vers le vaisseau inconnu, de toute la rapidité qu'imprimait à la barque l'effort combiné de six vigoureux matelots, dont les rames se relevaient et retombaient avec tant de régularité, que le mouvement qui les mettait en jeu semblait imprimé par un ressort mécanique et non par la combinaison des forces humaines.

II.

A mesure qu'ils avançaient, les formes gracieuses du bâtiment se développaient à leurs yeux dans toute l'admirable perfection de leurs détails, et quoique, faute d'habitude ou de vocation, le jeune comte d'Auray fût ordinairement peu sensible à la beauté revêtue de cette forme, il ne pouvait s'empêcher d'admirer l'élégance de la carène, la finesse et la force des mâts, et la ténuité des cordages, qui semblaient, sur le ciel encore coloré des feux du soleil couchant, des fils flexibles et soyeux tressés par quelque araignée gigantesque. Au reste, la même immobilité régnait sur le bâtiment, qui paraissait, soit insouciance, soit mépris, s'inquiéter médiocrement de la visite qu'il allait recevoir. Un instant le jeune mousquetaire crut apercevoir, passant par l'ouverture d'un sabord, près de la gueule fermée d'un canon, l'extrémité d'une lunette braquée de son côté. Mais le navire, dans ce mouvement lent et demi-circulaire que lui imprimait la respiration de l'Océan, étant venu à lui présenter sa proue, ses yeux se fixèrent sur la figure sculptée qui donne ordinairement son nom au vaisseau qu'elle pare : c'était une de ces filles de l'Amérique découverte par Christophe Colomb, et conquise par Fernand Cortez, avec son bonnet de plumes aux mille couleurs, et son sein nu, orné de colliers de corail. Quant au reste du corps, il se liait, moitié sirène, moitié serpent, d'une manière fantastique et par des arabesques bizarres, à la membrure du vaisseau. Plus la barque s'approchait de la frégate, plus cette image semblait fixer les regards du comte. C'est qu'en effet c'était une sculpture, non-seulement étrange de forme, mais tout à fait remarquable d'exécution, et l'on s'apercevait facilement que c'était, non pas un ouvrier vulgaire, mais un artiste de talent qui l'avait tirée du bloc de chêne où elle avait dormi pendant des siècles. De son côté, l'enseigne remarquait, avec une certaine satisfaction de métier, l'attention croissante que l'officier de terre était forcé de donner à ce bâtiment. Enfin, voyant que cette attention était entièrement concentrée sur la figure que nous venons de décrire, il parut attendre avec une certaine anxiété l'avis du comte; puis, voyant qu'il tardait à le manifester, quoiqu'on en fût alors assez proche pour qu'aucune de ses beautés ne lui échappât, il prit le parti de rompre le premier le silence, et de questionner à son tour son jeune compagnon :

— Eh bien! comte, lui dit-il, cachant l'intérêt qu'il prenait à la réponse sous une apparente gaîté, que dites-vous de ce chef-d'œuvre?

— Je dis, répondit Emmanuel, que, relativement aux ouvrages du même genre que j'ai vus, il mérite véritablement le nom que vous lui donnez.

— Oui, dit négligemment l'enseigne, c'est la dernière production de Guillaume Coustou, qui est mort avant de l'avoir achevée; elle a été finie par son élève, un nommé Dupré, homme de mérite, qui meurt de faim, et qui est obligé de tailler le bois à défaut de marbre, et d'équarrir des proues de vaisseaux quand il devrait sculpter des statues. Voyez, continua le jeune marin, imprimant au gouvernail un mouvement qui, au lieu de conduire la barque droit au vaisseau, la faisait dévier de manière à passer à l'une de ses extrémités, c'est un véritable collier de corail qu'elle a au cou, et ce sont de véritables perles qui pendent à ses oreilles. Quant à ses yeux, chaque prunelle est un diamant qui vaut cent guinées à l'effigie du roi Guillaume. Il en résulte que le capitaine qui prendra cette frégate aura, outre l'honneur de l'avoir prise, un splendide cadeau de noces à faire à sa fiancée.

— Quel étrange caprice, dit Emmanuel, entraîné lui-même par la bizarrerie du spectacle qui s'offrait à ses regards, que celui d'orner son vaisseau comme on ferait d'un être animé, et de jeter ainsi des sommes considérables aux chances d'un combat et au hasard d'une tempête!

— Que voulez-vous? répondit le jeune enseigne avec un accent de mélancolie indéfinissable, nous autres marins, qui n'avons d'autre famille que nos matelots, d'autre patrie que l'Océan, d'autre spectacle que la tempête, et d'autre distraction que le combat, il faut bien que nous nous attachions à quelque chose. N'ayant pas de maîtresse réelle, car qui voudrait nous aimer, nous autres goëlands à l'aile toujours ouverte? il faut que nous nous fassions un amour imaginaire. L'un s'éprend pour quelque île bien fraîche et ombreuse, et chaque fois qu'il l'aperçoit de loin, sortant de l'Océan, pareille à une corbeille de fleurs, son cœur devient joyeux comme celui d'un oiseau qui revoit son nid. L'autre a une étoile chérie entre les étoiles, et pendant ces belles et longues nuits de l'Atlantique, chaque fois qu'il passe sous l'équateur, il lui semble qu'elle se rapproche de lui et qu'elle le salue d'une lueur plus vive et d'une flamme plus ardente. Il y en a enfin, et c'est le plus grand nombre, qui s'attachent à leur frégate comme à une fille bien-aimée, qui gémissent à chaque membre que le vent lui brise, à chaque blessure que le boulet lui creuse, et qui, lorsqu'elle est frappée au cœur par la tempête ou par la bataille, aiment mieux mourir avec elle que de se sauver sans elle, et donnent à la terre un saint exemple de fidélité en s'engloutissant avec l'objet de leur amour dans les abîmes les plus profonds de l'Océan. Eh bien! le capitaine Paul est un de ceux-là : voilà tout; et il a donné à sa frégate la corbeille de noces qu'il destinait à sa fiancée. Ah! ah! les voilà qui s' veillent.

— Ohé! les gens de la barque, cria-t-on du bâtiment, que voulez-vous?

— Monter à bord de la frégate, répondit Emmanuel. Jetez donc une corde, une amarre, ce que vous voudrez, afin qu'on puisse s'accrocher à quelque chose.

— Tournez à tribord, et vous trouverez l'escalier.

Les rameurs obéirent aussitôt à cette injonction, et, quelques secondes après, les deux jeunes gens se trouvaient effectivement près la coupée qui conduisait sur le pont. L'officier de garde vint les recevoir à l'embelle avec un empressement qui parut de bon augure à Emmanuel.

— Monsieur, dit l'enseigne s'adressant au jeune homme, qui, revêtu du même uniforme que lui, semblait occuper le même grade, voici mon ami, le comte... A propos, j'ai oublié de vous demander votre nom.

— Le comte Emmanuel d'Auray.

— Je disais donc que voilà mon ami, le comte Emmanuel d'Auray, qui désire vivement parler au capitaine Paul. Est-il à bord ?

— Il vient d'arriver à l'instant, répondit l'officier.

— En ce cas, je descends près de lui pour le prévenir de votre visite, mon cher comte. En attendant, voilà monsieur Walter qui se fera un plaisir de vous faire visiter l'intérieur de la frégate. C'est un spectacle curieux pour un officier de terre, d'autant plus que je doute que vous trouviez beaucoup de vaisseaux tenus comme celui-ci. N'est-ce pas l'heure du souper ?

— Oui, monsieur.

— Eh bien! cela n'en sera que plus curieux.

— Mais, répondit l'officier hésitant, c'est que je suis de garde.

— Bah! vous trouverez bien parmi vos camarades quelqu'un qui veille un instant à votre place. Je tâcherai que le capitaine ne vous fasse pas faire trop longtemps antichambre. A vous revoir, comte. Je vais vous recommander de manière à ce que vous receviez un bon accueil.

A ces mots, le jeune enseigne disparut par l'escalier du commandant, tandis que l'officier resté près d'Emmanuel pour lui servir de guide le conduisit dans la batterie. Comme l'avait présumé le compagnon de route du comte, l'équipage était en train de souper.

C'était la première fois que le jeune comte voyait ce spectacle, et, quelque désir qu'il eût de parler promptement au capitaine, il lui parut si curieux, qu'il ne put s'empêcher d'y prêter toute son attention.

Entre chaque pièce de canon et dans l'intervalle réservé à la manœuvre, une table et des bancs étaient, non pas dressés sur leurs pieds, mais suspendus au plafond par les cordages. Sur chacun de ces bancs, quatre hommes étaient assis, et prenaient leur part d'un morceau de bœuf qui se défendait de son mieux, mais qui avait affaire à des gaillards qui ne paraissaient pas disposés à se laisser rebuter par sa résistance. A chaque table, il y avait deux bidons de vin, c'est-à-dire une demi-bouteille par homme. Quant au pain, il paraissait non pas être distribué à la ration, mais livré à volonté. Au reste, le plus profond silence régnait parmi l'équipage, qui n'était guère composé que de cent quatre-vingts à deux cents hommes.

Quoique pas un des officians n'ouvrît la bouche pour autre chose que pour manger, Emmanuel s'aperçut avec étonnement de la variété de leur origine, que l'on reconnaissait facilement aux types généraux et caractéristiques de chaque physionomie. Son cicérone remarqua sa surprise, et répondant à sa pensée avant qu'il l'eût manifestée :

— Oui, oui, lui dit-il avec un accent américain qu'Emmanuel avait déjà reconnu, et qui prouvait que celui qui lui parlait était né de l'autre côté de l'Atlantique; oui, nous avons ici un assez joli échantillon de tous les peuples du monde, et si tout à coup quelque bon déluge enlevait les enfans de Noé, comme autrefois les fils d'Adam, on trouverait dans notre arche de la graine de chaque nation. Voyez-vous ces trois compagnons qui troquent avec leurs voisins une portion de rosbif contre une gousse d'ail ? ce sont des enfans de la Galice, que nous avons recueillis au cap Ortégal, et qui ne se battraient pas sans avoir fait leur prière à saint Jacques, mais qui, une fois leur prière faite, se feront couper en morceaux comme des martyrs plutôt que de reculer d'un pas. Les deux autres qui polissent leurs tables aux dépens de leurs manches, ce sont de braves Hollandais qui en sont encore à se plaindre du tort qu'a fait à leur commerce la découverte du cap de Bonne-Espérance. Vous le voyez, ils ont l'air, au premier coup d'œil, de véritables pots à bière. Eh bien! ces gaillards-là, au moment où ils entendront le branlebas, deviendront lestes comme des Basques. Approchez d'eux, et ils vous parleront de leurs ancêtres, ne pouvant plus vous parler d'eux-mêmes; ils vous diront qu'ils descendent de ces fameux balayeurs des mers qui, lorsqu'ils allaient au combat, hissaient un balai au lieu de pavillon; mais ils se garderont bien d'ajouter qu'un beau jour les Anglais leur ont pris leur balai et qu'ils en ont fait des verges. Cette table toute entière, qui chuchotte tout bas ne pouvant parler tout haut, est composée de Français. A la place d'honneur est le chef élu par eux-mêmes. Parisien de naissance, cosmopolite par goût, maître de bâton, maître d'armes et maître de danse; toujours content et joyeux, il manœuvre en chantant, il se bat en chantant, il mourra en chantant, à moins qu'une cravate de chanvre ne lui étouffe la voix dans le gosier, ce qui pourra bien lui arriver un jour, s'il a le malheur de tomber entre les mains de John Bull. Tournez les yeux par ici maintenant, et voyez toute cette file de têtes osseuses et carrées : ce sont des types étrangers pour vous, n'est-ce pas? mais que tout Américain, né entre la mer d'Hudson et le golfe du Mexique, reconnaîtra à l'instant pour des ours du lac Érié ou des phoques de la Nouvelle-Écosse. Il y en a trois ou quatre qui sont borgnes; cela tient à leur manière de se battre entre eux : ils enroulent les cheveux de leur adversaire avec l'index et le médium, et lui font sauter l'œil avec le pouce. Il y en a de très adroits à cet exercice et qui ne manquent jamais leur coup. Aussi, lorsqu'on arrive à l'abordage, ils manquent rarement de jeter leur pique et leur coutelas, de se prendre au corps avec le premier Anglais qu'ils rencontrent, et de le désœiller avec une promptitude et une habileté qui font plaisir à voir. Vous conviendrez que je ne vous mentais pas, et que la collection est complète.

— Mais, répondit Emmanuel, qui avait écouté cette longue énumération avec un certain intérêt, comment fait votre capitaine pour se faire entendre de tous ces hommes réunis de tant de points différens.

— D'abord, le capitaine connaît toutes les langues; puis, dans le combat ou dans la tempête, quoiqu'il parle alors sa langue maternelle, il lui donne un tel accent, croyez-moi, que chacun comprend et obéit. Mais tenez, voici la cabine de babord qui s'ouvre : sans doute il est prêt à vous recevoir.

En effet, un enfant revêtu de l'uniforme de midshipman s'avança vers les deux officiers, demanda à Emmanuel si ce n'était pas lui qui se nommait le comte d'Auray, et, sur sa réponse affirmative, il invita le jeune mousquetaire à le suivre. Aussitôt l'officier qui venait de remplir d'une manière si consciencieuse le rôle de cicérone monta reprendre sur le pont le poste qu'il avait quitté un instant. Quant à Emmanuel, il s'avança vers la porte avec une émotion mêlée d'inquiétude et de curiosité : il allait donc voir enfin le capitaine Paul !

C'était un homme qui paraissait avoir de cinquante à cinquante-cinq ans, et que l'habitude de se tenir dans l'entrepont avait voûté plutôt que le poids de l'âge. Il portait l'uniforme de la marine royale dans toute sa stricte sévérité : c'était un habit bleu de roi, à revers écarlates, avec veste rouge, culotte de la même couleur, bas gris, jabot et manchettes. Ses cheveux roulés en boudin et poudrés à blanc étaient attachés, par derrière et à leur racine, par un ruban dont les bouts retombaient en flottant. Son chapeau à trois cornes et son épée étaient déposés près de lui sur une table. Au moment où Emmanuel parut sur le seuil, il était assis sur l'affût d'un canon, mais en l'apercevant il se leva.

Le jeune comte se sentit intimidé à l'aspect de cet homme : il y avait dans son œil un rayon investigateur qui semblait éclairer jusqu'à l'âme de celui qu'il regardait. Peut-être aussi cette impression fut-elle d'autant plus puissante, qu'il se présentait avec une conscience qui lui faisait bien quelque reproche sur l'acte étrange qu'il accomplissait, et dont il venait pour rendre le capitaine, sinon complice, du moins exécuteur. Ces deux hommes, comme s'ils eussent éprouvé une secrète répulsion l'un pour l'autre, se saluèrent avec politesse, mais avec réserve.

— C'est à monsieur le comte d'Auray que j'ai l'honneur de parler ? demanda le vieil officier.

— Et moi, au capitaine Paul, répondit le jeune mousquetaire. Tous deux s'inclinèrent une seconde fois.

— Puis-je savoir à quel heureux hasard je dois l'honneur de la visite que me fait en ce moment l'héritier d'un des plus vieux et des plus beaux noms de la Bretagne ?

Emmanuel s'inclina encore une fois en manière de remercîment; puis, après une pause d'un instant, comme s'il avait peine à entamer la conversation :

— Capitaine, continua-t-il, on m'a dit que votre destination était pour le golfe du Mexique.

— Et l'on ne vous a pas trompé, monsieur, je compte faire voile pour la Nouvelle-Orléans, en relâchant à Cayenne et à la Havane.

— Cela tombe à merveille, capitaine, et vous n'aurez pas à vous détourner de votre route, en supposant toutefois que vous vous chargiez d'exécuter l'ordre dont je suis porteur.

— Vous avez un ordre à me communiquer, monsieur, et de quelle part ?

— De la part du ministre de la marine.

— Un ordre adressé à moi personnellement ? répéta le capitaine avec l'accent du doute.

— Non pas personnellement à vous, monsieur, mais à tout capitaine de la marine royale qui fera voile pour l'Amérique du Sud.

— Et de quoi s'agit-il, monsieur le comte ?

— D'un prisonnier d'État à déporter à Cayenne.

— Vous avez l'ordre sur vous ?

— Le voici, répondit Emmanuel en le tirant de sa poche et en le présentant au capitaine.

Celui-ci le prit, et, s'approchant de la fenêtre, afin de profiter des derniers rayons du jour, il lut tout haut :

« Le ministre de la marine et des colonies ordonne à » tout capitaine ou lieutenant, commandant les bâtimens » de l'État, et qui fera voile pour l'Amérique du Sud ou » le golfe du Mexique, de prendre à son bord et de dépo- » ser à Cayenne le nommé Lusignan, condamné à la dé- » portation perpétuelle. Pendant la traversée, le condamné » mangera dans sa chambre et ne communiquera point » avec l'équipage. »

— L'ordre est-il en forme ? demanda Emmanuel.

— Parfaitement, monsieur, répondit le capitaine.

— Et êtes-vous disposé à l'exécuter ?

— Ne suis-je pas aux ordres du ministre de la marine ?

— Alors on peut vous envoyer le prisonnier ?

— Quand on voudra, monsieur. Seulement, que ce soit le plus tôt possible, car je ne compte pas rester longtemps dans ces parages.

— Je veillerai à ce qu'on fasse diligence.

— Était-ce tout ce que vous aviez à me dire ?

— Absolument tout, capitaine, et je n'ai plus à ajouter que des remercîmens.

— N'ajoutez rien, monsieur. Le ministre ordonne, et j'obéis : voilà tout ; c'est un devoir que je remplis, et non un service que je rends.

A ces mots, le capitaine et le comte se saluèrent de nouveau, et se quittèrent plus froidement encore qu'ils ne s'étaient abordés.

Arrivé sur le pont, Emmanuel demanda son compagnon au jeune officier de garde; mais celui-ci répondit qu'il était retenu à souper par le capitaine Paul. Seulement, toujours obligeant et empressé, il mettait son canot à la disposition du comte. En effet, l'embarcation était au bas de l'escalier de la frégate, et les matelots, les rames en l'air, attendaient celui qu'ils devaient reconduire. A peine Emmanuel fut-il descendu, que la barque s'éloigna avec autant de rapidité qu'elle en avait mis à venir; mais cette fois elle vogua tristement et en silence, car le jeune marin n'était plus là pour animer la conversation par les axiomes de sa poétique philosophie.

La même nuit, le prisonnier fut conduit à bord de l'*Indienne*, et le lendemain, lorsque le jour parut, les curieux cherchèrent en vain sur l'Océan la frégate qui depuis huit jours avait donné naissance à tant de conjectures, et dont l'arrivée inattendue, la station sans résultat, et le départ spontané demeurèrent toujours un mystère inexplicable pour les dignes habitans de Port-Louis.

III.

Comme les motifs qui avaient amené le capitaine Paul en vue des côtes de Bretagne n'ont de relation avec notre histoire que par les événemens que nous venons de raconter, nous laisserons nos lecteurs dans la même incertitude que les habitans de Port-Louis, et quoique notre vocation et notre sympathie nous attirent naturellement vers la terre, nous le suivrons deux ou trois jours encore dans sa course aventureuse sur l'Océan.

Le temps était aussi beau qu'il peut l'être dans les parages occidentaux vers les premiers jours d'automne. L'*Indienne* marchait bravement vent arrière. Les matelots insoucieux se reposaient sur l'aspect du ciel; et, à l'exception de quelques hommes occupés à la manœuvre, tout le reste de l'équipage, dispersé dans les différentes parties du bâtiment, usait le temps à son caprice, lorsqu'une voix qui semblait venir du ciel s'écria :

— Oh! d'en bas, ho!

— Holà! répondit le contre-maître placé à l'avant.

— Une voile! dit le matelot placé en observation.

— Une voile! répéta le contre-maître. Monsieur l'officier de quart, faites prévenir le capitaine.

— Une voile! une voile! répétèrent tous les matelots dispersés sur le tillac, car en ce moment une vague, soulevant le bâtiment qui apparaissait à l'horizon, l'avait rendu visible à l'œil des marins, quoique le regard moins exercé d'un passager ou d'un soldat de terre l'eût certainement pris pour l'aile d'une mouette étendue sur l'Océan.

— Une voile! s'écria à son tour un jeune homme de vingt-cinq ans, s'élançant sur le tillac par l'escalier de la cabine, demandez à monsieur Arthur ce qu'il en pense.

— Holà! monsieur Arthur, cria en anglais le lieutenant, se servant de son porte-voix afin de ne pas se fatiguer inutilement, le capitaine demande ce que vous semble de cette coquille de noix.

— Mais, sauf meilleur avis, répondit dans la même langue le jeune midshipman auquel s'adressait l'interrogation, et qui était monté en vigie aussitôt qu'un bâtiment avait été signalé, il me semble que c'est un grand navire qui serre le vent pour se diriger de ce côté. Ah! ah! le voilà qui laisse tomber sa grande voile.

— Oui, oui, dit le jeune homme à qui Walter avait donné le titre de capitaine, oui, il a d'aussi bons yeux que nous, et il nous a vus. C'est bien. S'il aime la conversation, il trouvera à qui parler. D'ailleurs, nos canons doivent étouffer depuis si longtemps qu'ils ont la bouche fermée!

— Monsieur, continua le capitaine, prévenez le chef de batterie que nous avons en vue une voile suspecte, afin qu'il se mette en mesure. Eh bien! monsieur Arthur, que pensez-vous de la marche de ce vaisseau? ajouta-t-il, adoptant à son tour la langue anglaise, et levant la tête vers les barres du petit perroquet où l'élève était resté en observation.

— Mais toute militaire, capitaine, toute militaire. Et quoique nous n'apercevions pas encore son pavillon, je parierais qu'il a à bord une bonne commission du roi Georges.

— Oui, n'est-ce pas ? qui ordonne à son maître de courir sus à une certaine frégate nommée l'*Indienne*, et qui lui promet, en cas de prise, le grade de capitaine s'il est lieutenant, et de commodore s'il est capitaine. Ah! ah! le voilà maintenant qui hisse ses voiles de perroquet! Décidément le limier nous flaire et veut nous donner la chasse. Faites mettre la frégate sous les mêmes voiles, monsieur Walter, et continuons notre chemin sans nous écarter d'une ligne; nous verrons s'il ose se mettre en travers de notre route !

L'ordre donné par le capitaine fut répété à l'instant par le lieutenant, et aussitôt le navire, qui se trouvait seulement sous ses huniers, déroula, comme un triple nuage, la toile de ses perroquets, de sorte qu'à son tour, et comme si elle s'animait à la vue de l'ennemi, la frégate se courba en avant, enfonçant plus profondément sa proue dans les vagues, et faisant jaillir l'écume frémissante de chaque côté de sa carène.

Il y eut alors un moment de silence et d'attente dont nous profiterons pour ramener l'attention de nos lecteurs sur l'officier à qui le lieutenant avait donné le titre de capitaine.

Cette fois, ce n'était plus le jeune et sceptique enseigne que nous avons vu guider à bord de la frégate le comte d'Auray, ni le vieux loup de mer, à la taille courbée et à la voix rude et brève, qui l'avait reçu dans la cabine : c'était un beau jeune homme de vingt-quatre à vingt-cinq ans, comme nous l'avons dit, qui, ayant dépouillé tout déguisement, apparaissait enfin avec sa figure naturelle, et sous l'uniforme de fantaisie qu'il adoptait une fois que, lancé sur l'Océan, il ne pouvait plus être reconnu que de la mer, des tempêtes et de Dieu. C'était une espèce de redingote de velours noir, avec des aiguillettes d'or, serrée à la taille par une ceinture turque, dans laquelle étaient passés des pistolets non pas d'abordage, mais de duel, sculptés, ciselés et incrustés, comme ces armes de luxe qui semblent une parure et non une défense. Il portait un pantalon de casimir blanc, avec de courtes bottes plissées qui lui montaient au-dessous du genou. Autour de son cou flottait en cravate desserrée un de ces mouchoirs des Indes, au tissu transparent, semé de fleurs de couleur naturelle, et de chaque côté de ses joues brunies par le soleil et animées par l'espérance retombaient, soulevés par chaque bouffée de brise, ses longs cheveux qui, dépouillés de poudre, étaient redevenus d'un noir d'ébène. Près de lui, sur le canon d'arrière, était posé un petit casque de fer dont les gourmettes maillées se boutonnaient sous le cou : c'était sa parure de combat, et la seule arme défensive dont il se couvrît. Quelques entailles creusées profondément dans l'acier prouvaient au reste qu'il avait plus d'une fois sauvé la tête qu'il protégeait de ces blessures terribles que font les sabres d'abordage dont se servent les marins lorsqu'ils arrivent bord à bord. Quant au reste de l'équipage, il portait l'uniforme de la marine française dans toute son exacte et sévère élégance.

Pendant ce temps, le vaisseau, que vingt minutes auparavant avait signalé la vigie, et qui était apparu d'abord comme un point blanc à l'horizon, était devenu peu à peu une pyramide de voiles et d'agrès. Tous les yeux étaient fixés sur lui, et quoique aucun ordre n'eût été donné, chacun avait fait ses dispositions individuelles comme si le combat eût été décidé. Il régnait donc à bord de l'*Indienne* ce silence solennel et profond qui, sur un vaisseau de guerre, précède toujours les premiers ordres décisifs donnés par le capitaine. Enfin, lorsque le navire eut grandi encore pendant quelques minutes, la carène à son tour sembla sortir de l'eau comme avaient fait successivement ses voiles. On put voir alors que c'était un navire un peu plus fort de tonnage que l'*Indienne*, et portant trente-six canons. Au reste, ainsi que la frégate, il naviguait sans pavillon à sa corne, de sorte que, comme les hommes étaient cachés derrière les bastingages, il était impossible de reconnaître, à moins que ce ne fût à des signes particuliers, à quelle nation il appartenait. Ces deux observations furent faites presque en même temps par le capitaine, quoiqu'il ne parût frappé que de la dernière.

— Il paraît, dit-il, s'adressant au lieutenant, que nous allons avoir une scène de bal masqué. Faites monter quelques pavillons, Arthur, et montrons à notre inconnu que l'*Indienne* est une coquette qui a plusieurs déguisemens à son service. Et vous, monsieur Walter, ordonnez qu'on prépare les armes, car nous ne pouvons guère, dans ces parages, nous attendre à rencontrer autre chose que des ennemis.

Les deux ordres n'eurent d'autres réponses que leur exécution même. Au bout d'un instant, le jeune midshipman tira des rayons placés sur le gaillard d'arrière une douzaine de pavillons différens, et le lieutenant Walter, ayant ouvert les caisses d'armes, fit faire des dépôts de piques, de haches et de coutelas en divers endroits du pont; puis il revint occuper sa place près du capitaine. Chaque homme reprit alors son poste, par instinct plutôt que par devoir, car le branle-bas n'avait point encore battu : de sorte que le désordre apparent qui avait un instant régné à bord cessa peu à peu, et la frégate redevint silencieuse et attentive.

Cependant, tout en suivant leur ligne convergente, les deux bâtimens continuaient de s'approcher l'un de l'autre. Lorsqu'ils furent à trois portées de canon à peu près :

— Monsieur Walter, dit le capitaine, je crois qu'il serait temps de commencer à intriguer notre amie. Montrons-lui le pavillon d'Écosse.

Le lieutenant fit un signe au chef de timonnerie, et la nappe rouge cantonnée d'azur se leva comme une flamme à la poupe de l'*Indienne;* mais aucun signe n'indiqua à bord du vaisseau inconnu qu'il prît le moindre intérêt à cette manœuvre.

— Oui, oui, murmura le capitaine, les trois léopards d'Angleterre ont si bien limé les dents et rogné les ongles du lion d'Écosse, qu'ils ne font pas attention à lui, le croyant apprivoisé parce qu'il est sans défense. Montrez-leur un autre emblème, monsieur Walter, peut-être parviendrons-nous à lui délier la langue.

— Lequel, capitaine ?

— Prenez sans choisir, le hasard nous servira.

À peine cet ordre avait-il été donné, que le pavillon d'Écosse s'abaissa, et que celui de Sardaigne prit la place. Le navire resta muet.

— Allons, dit le capitaine, il paraît que Sa Majesté le roi Georges est en relations de bonne amitié avec son frère de Chypre et de Jérusalem. Ne les brouillons pas en poussant plus loin la plaisanterie. Monsieur Walter, arborez le pavillon d'Amérique, et assurez-le par un coup de canon à poudre.

La même manœuvre qui avait été faite se renouvela : l'étendard d'azur au canton de gueules et à croix d'argent retomba sur le pont, et les étoiles des Provinces-Unies montèrent lentement vers le ciel, *assurées* par un coup de canon à poudre.

Ce que le capitaine avait prévu arriva : à ce symbole de rébellion, qui s'élevait insolemment dans les airs, le navire inconnu trahit son incognito en arborant le pavillon de la Grande-Bretagne. Au même moment, un nuage de fumée apparut au flanc du navire royaliste, et avant que la détonation se fît entendre, un boulet de canon, ricochant de vague en vague, était venu mourir à cent pas à peu près de l'*Indienne*.

— Faites battre l'appel, monsieur Walter, cria le capitaine, car vous voyez que nous avons touché juste. Allons, mes enfans, continua-t-il en s'adressant à l'équipage, *hurra* pour l'Amérique, et mort à l'Angleterre !

Un cri général lui répondit, et il n'avait point encore cessé, qu'on entendit alors battre la charge à bord du *Drake*, car tel était le nom du navire en vue; le tambour de l'*Indienne* lui répondit aussitôt, et chacun courut à son poste : les canonniers à leurs pièces, les officiers à leurs batteries, et les matelots chargés de la manœuvre à la manœuvre. Quant au capitaine, il monta immédiatement sur le capot du gaillard d'arrière, muni de son porte-voix, symbole du rang suprême, sceptre de la royauté nautique, que le commandant tient ordinairement en main au moment du combat et de la tempête.

Cependant les rôles avaient changé : c'était l'Anglais qui montrait maintenant de l'impatience, et la frégate américaine qui affectait le calme. À peine les bâtimens furent-ils à portée, qu'une bande de fumée apparut sur toute la longueur du vaisseau, qu'une détonation pareille au roulement du tonnerre se fit entendre, et que les messagers de fer envoyés pour donner la mort aux rebelles ayant, dans leur impétuosité, mal calculé la distance, vinrent mourir aux flancs de la frégate. Celle-ci, au reste, comme si elle eût refusé de répondre à une attaque prématurée, continua de serrer le vent de manière à épargner le plus de chemin possible à son ennemi.

En ce moment, le capitaine se retourna pour jeter un dernier coup-d'œil sur son navire, et son regard étonné s'arrêta sur un nouveau personnage qui venait de choisir cet instant suprême et terrible pour faire son entrée en scène.

C'était un jeune homme de vingt-deux à vingt-trois ans à peine, à la figure douce et pâle, à la mise simple, mais élégante, et que le capitaine ne connaissait pas à son bord; il était appuyé contre le mât d'artimon, les bras croisés sur la poitrine, regardant avec une indifférence mélancolique ce bâtiment anglais qui s'approchait à toutes voiles. Cette tranquillité, dans un tel moment, et chez un homme qui paraissait étranger au métier des armes, frappa le capitaine; il se rappela ce prisonnier annoncé par le comte d'Auray, et amené à son bord pendant la dernière nuit qu'il avait passée au mouillage de Port-Louis.

— Qui vous a permis de monter sur le pont, monsieur? lui dit-il en adoucissant autant que possible le son de sa voix, de sorte qu'il eût été difficile de juger si ces paroles étaient une question ou un reproche.

— Personne, monsieur, répondit le prisonnier d'une voix douce et triste ; mais j'ai espéré qu'en pareille circonstance vous serez peut-être moins sévère observateur des ordres qui me font votre prisonnier.

— Avez-vous oublié qu'il vous est défendu de communiquer avec l'équipage?

— Je ne viens pas communiquer avec l'équipage, monsieur; je viens voir s'il n'y a pas quelque boulet qui veuille bien de moi.

— Vous pourrez avoir trouvé bientôt ce que vous cherchez, monsieur, si vous demeurez à cette place. Ainsi, croyez-moi, restez à fond de cale.

— Est-ce un avis ou un ordre, capitaine?

— Je vous laisse libre de le prendre comme vous voudrez.

— En ce cas, répondit le jeune homme, je vous remercie; je reste.

En ce moment, une nouvelle détonation se fit entendre; mais cette fois les deux navires s'étaient tellement rapprochés, qu'ils étaient à trois quarts de portée à peine, et que l'ouragan de fer tout entier traversa la voilure de l'*Indienne*. Deux éclats de bois peu importans tombèrent de la mâture, et l'on entendit les plaintes et les cris étouffés de quelques hommes. Le capitaine avait en ce moment les yeux fixés sur son prisonnier; un boulet passa à deux pieds au-dessus de sa tête, échancrant le mât d'artimon, auquel il était adossé : mais, malgré cet avertissement de la mort, il resta dans la même attitude calme et tranquille, comme s'il n'eût pas senti passer sur son front l'aile de l'ange exterminateur. Le capitaine se connaissait en courage; cet essai lui suffit pour juger l'homme qu'il avait devant les yeux.

— C'est bien, monsieur, lui dit-il, demeurez où vous êtes, et quand nous en viendrons à l'abordage, si vous êtes las de rester les bras croisés, prenez quelque sabre ou quelque hache, et donnez-nous un coup de main. Pardonnez-moi maintenant de ne plus m'occuper de vous; mais j'ai autre chose à faire. Feu! messieurs, continua le capitaine, hélant avec son porte-voix à travers l'écoutille de la batterie. Feu!

— Feu! canonniers! répondit comme un écho celui à qui l'ordre était adressé.

Au même instant, l'*Indienne* s'ébranla depuis sa quille usqu'à ses mâts de cacatoès : une détonation effroyable se fit entendre, un nuage de fumée s'étendit comme un voile à tribord, et se dispersa sous le vent. Le capitaine, debout sur son banc de quart, attendait avec impatience qu'il eût disparu pour juger de l'effet que la bordée avait produit à bord du vaisseau ennemi. Lorsque ses regards purent plonger à travers la vapeur, il s'aperçut que le grand mât de hune était tombé, encombrant de toiles l'arrière du *Drake*, et que toute la voilure du grand mât était criblée. Alors, mettant son porte-voix à sa bouche :

— Bien, enfans! cria-t-il. Maintenant, masquons tout vivement! Ils sont trop occupés à se débarrasser de leurs toiles pour nous enfiler avec leur bordée : Feu qui peut!... et cette fois passez-leur le rasoir près ne la figure!

Les matelots s'empressèrent d'exécuter cet ordre; le navire tourna sa poupe avec grâce, et commença d'exécuter la manœuvre et l'acheva, comme l'avait prévu le capitaine, sans empêchement de la part de son ennemi. Puis, la frégate frémit de nouveau comme un volcan, et, comme un volcan, vomit à la fois sa flamme et sa fumée.

Cette fois les canonniers avaient pris l'ordre du capitaine à la lettre, et la bordée tout entière avait porté en belle et dans les bas mâts. Les haubans, les étais et les drisses étaient coupés. Les deux mâts étaient encore debout; mais de tous côtés flottaient autour d'eux des haillons de voiles. Il paraît qu'il était survenu au navire quelque avarie plus considérable qu'on ne pouvait en juger à cette distance, car la bordée se fit attendre un instant, et, au lieu de prendre l'*Indienne* de l'avant en arrière, elle la prit en biais. Elle n'en fut que plus terrible; elle avait porté tout entière dans le flanc et sur le pont, et frappé à la fois le navire et l'équipage; mais par un hasard qui semblait tenir de la magie, elle avait épargné les trois mâts. Quelques cordages seulement étaient coupés, accident peu important et qui permettait au bâtiment de rester maître de sa manœuvre. Un coup d'œil suffit à Paul pour lui apprendre qu'il n'avait perdu que des hommes, et que la destruction avait frappé plus de chair que de bois. Il en bondit de joie. Il porta de nouveau le porte-voix à sa bouche.

— La barre à babord! cria-t-il, et abordons-le par la hanche de babord. A l'abordage, les gens de l'abordage! Une dernière bordée pour le raser comme un ponton, puis nous l'escaladerons comme une forteresse.

La frégate ennemie, au premier mouvement que fit l'*Indienne*, comprit la manœuvre, et voulut la neutraliser par un mouvement pareil; mais, au moment où elle tenta de l'exécuter, un craquement terrible se fit entendre à son bord, et le grand mât, à moitié coupé par la dernière décharge de l'*Indienne*, trembla un instant comme un arbre déraciné, et tomba sur l'avant, couvrant le pont de sa grande voile et de ses agrès. Le capitaine Paul comprit alors ce qui avait retardé la bordée du brick.

— Maintenant il est à vous comme si on vous le donnait pour rien, enfans, cria-t-il, et vous n'avez qu'à le prendre. Une dernière décharge à portée du pistolet, et à l'abordage!

L'*Indienne* obéit comme un cheval dressé, et s'avança sans opposition vers son ennemi, dont la seule ressource était désormais un combat corps à corps, car ne pouvant plus manœuvrer, ses canons lui devenaient inutiles. Le *Drake* se trouva donc à la merci de son adversaire, qui, en se tenant à distance, aurait pu le cribler jusqu'à ce qu'il s'enfonçât dans la mer, mais qui, dédaignant ce genre de victoire, lui envoya une dernière bordée à cinquante pas. Puis, avant d'en avoir vu l'effet, se laissant aller sur lui, la frégate engagea ses vergues dans les vergues de son ennemi, et jeta ses grappins. Aussitôt les hunes et les passavans de l'*Indienne* s'enflammèrent comme un if aux jours de fête, les grenades brûlantes tombèrent à bord du *Drake*, rapides et redoublées comme une grêle. Partout au bruit du canon succéda le pétillement de la fusillade, et au milieu de ce bruit infernal une voix se fit entendre comme celle d'un être surnaturel :

— Courage, enfans! courage! amarrez le beaupré aux

sabords de son gaillard d'arrière. Bien! liez-les l'un à l'autre, comme le condamné à la potence! Feu! maintenant aux caronades réservées à l'avant!

Tous ses ordres furent exécutés ainsi que par magie : les deux navires furent garrottés l'un à l'autre comme par des liens de fer : les deux pièces placées sur l'avant, et qui n'avaient pas encore tiré, grondèrent à leur tour, balayant le pont ennemi de toute une volée de mitraille ; puis un dernier cri se fit entendre, poussé d'une voix terrible :

— A l'abordage!!!

Et, joignant l'exemple au précepte, le capitaine de l'*Indienne* jeta son porte-voix, devenu désormais inutile, couvrit sa tête de son casque, en agrafa les gourmettes sous son cou, mit entre ses dents le sabre recourbé qu'il portait à sa ceinture, et s'élança sur le beaupré pour sauter de là sur l'arrière du bâtiment ennemi. Cependant, quoique le mouvement qu'il avait fait eût suivi l'ordre qu'il avait donné avec la même rapidité que la foudre suit l'éclair, il ne toucha que le second le pont du vaisseau anglais; le premier qui y était arrivé, c'était le jeune prisonnier du mât d'artimon, qui avait jeté son habit, et qui, armé seulement d'un hachot, se présentait avant tous les autres à la mort ou à la victoire.

— Vous ignorez la discipline de mon bord, monsieur, lui dit Paul en riant, c'est moi qui dois toucher le premier tout vaisseau que j'aborde. Je vous pardonne pour cette fois, mais n'y revenez plus.

Au même instant, par le beaupré, par les bastingages, par le bout des vergues, par les grappins, par toutes les manœuvres qui pouvaient leur servir de conducteurs, les marins de l'*Indienne* tombèrent sur le pont comme des fruits mûrs tombent d'un arbre que le vent secoue. Alors les Anglais, qui s'étaient retirés sur l'avant, démasquèrent une caronade qu'ils avaient eu le temps de retourner. Une trombe de flammes et de fer passa au travers des assaillans. Le quart de l'équipage de l'*Indienne* se coucha mutilé sur le pont ennemi, au milieu des cris et des malédictions... Mais plus haut que les plaintes et les blasphèmes, une voix retentit :

— Tout ce qui vit encore, en avant!

Alors il y eut une scène de confusion terrible, un combat corps à corps, un duel général : aux bordées des canons, aux pétillemens des espingoles, à l'explosion des grenades, avait succédé l'arme blanche, plus silencieuse et plus sûre, chez les marins surtout qui se sont réservé à eux seuls, pour cette lutte, cet héritage des géants proscrits depuis des siècles de nos champs de bataille. C'est avec des hachots qu'ils se fendent la tête: c'est avec des coutelas qu'ils s'ouvrent la poitrine; c'est avec des piques aux larges fers qu'ils se clouent aux débris de leurs mâts. De temps en temps, au milieu de ce carnage muet, un coup de pistolet se fait entendre, mais isolé et comme honteux de se mêler à une pareille boucherie. Celle que nous racontons dura un quart d'heure, avec une telle confusion, qu'il nous serait impossible de la décrire : puis, au bout de ce temps, le pavillon de l'Angleterre s'abaissa, et les marins du *Drake* se précipitant dans la cale par les écoutilles de la batterie, il ne resta plus sur le pont que les vainqueurs, les blessés et les morts, et au milieu d'eux le capitaine de l'*Indienne*, entouré de son équipage, le pied sur la poitrine du commandant ennemi, ayant à sa droite le lieutenant Walter, et à sa gauche son jeune prisonnier, dont la chemise teinte de sang annonçait la part qu'il avait prise à la victoire.

— Maintenant tout est fini, dit Paul en étendant le bras, et quiconque frappera un coup de plus aura affaire à moi! Puis tendant la main à son jeune prisonnier : Monsieur, lui dit-il, vous me raconterez ce soir votre histoire, n'est-ce pas? car il y a quelque lâche machination cachée là-dessous. On ne déporte à Cayenne que les infâmes, et vous ne pouvez être un infâme, étant si brave!

IV.

Six mois après les événemens que nous venons de raconter, et dans les premiers jours du printemps de 1778, une chaise de poste, dont les roues et les caisses couvertes de poussière et de boue attestaient la longue route qu'elle venait de faire, s'acheminait lentement, quoique attelée de deux vigoureux chevaux, sur la route de Vannes à Auray. Le voyageur qu'elle conduisait, et qui était rudement secoué dans les ornières d'un chemin vicinal, était notre ancienne connaissance, le jeune comte Emmanuel, que nous avons vu ouvrir la scène sur la jetée de Port-Louis. Il arrivait de Paris en toute hâte et regagnait l'ancien château de sa famille, sur laquelle le moment est venu de donner quelques détails plus précis et plus circonstanciés.

Le comte Emmanuel d'Auray était d'une des plus anciennes maisons de la Bretagne. Un de ses aïeux avait suivi saint Louis en Terre-Sainte, et, depuis ce temps, le nom dont il était le dernier héritier s'était constamment mêlé, dans ses victoires et dans ses défaites, à l'histoire de notre monarchie : le marquis d'Auray, son père, chevalier de Saint-Louis, commandeur de Saint-Michel et grand'croix de l'ordre du Saint-Esprit, jouissait, à la cour du roi Louis XV, où il occupait le grade de mestre de camp, de la haute position que lui avaient faite sa naissance, sa fortune et son mérite personnel. Cette position s'était encore augmentée, comme influence, de son mariage avec mademoiselle de Sablé, qui ne lui cédait en rien sous le rapport de la famille et du crédit; de sorte qu'une brillante carrière était ouverte à l'ambition des jeunes époux, lorsque après cinq ans de mariage le bruit se répandit tout à coup à la cour que le marquis d'Auray était devenu fou pendant un voyage dans ses terres. On fut longtemps sans croire à cette nouvelle : enfin, l'hiver arriva sans que lui ni sa femme reparussent à Versailles. Un an encore sa charge resta vacante, car le roi, espérant toujours qu'il reprendrait sa raison, refusait d'en disposer; mais un second hiver se passa sans que la marquise même revînt faire sa cour à la reine. On oublie vite en France; l'absence est une maladie de langueur à laquelle les plus grands noms succombent dans un espace plus ou moins long. Le linceul de l'indifférence s'étendit peu à peu sur cette famille, renfermée dans son vieux château comme dans une tombe, et dont on n'entendait retentir la voix ni pour solliciter ni pour se plaindre. Les généalogistes seulement avaient enregistré la naissance d'un fils et d'une fille; aucun autre enfant ne naquit de la suite de cette union; les d'Auray continuèrent donc de figurer de nom parmi la noblesse de France, mais ne s'étant mêlé depuis vingt ans ni aux intrigues d'alcôve ni aux affaires politiques, n'ayant pris parti ni pour la Pompadour ni pour la Dubarry, n'ayant marqué ni dans les victoires du maréchal de Broglie ni dans les défaites du comte de Clermont, n'ayant plus enfin ni son ni écho, ils avaient été personnellement tout à fait oubliés.

Cependant le vieux nom des seigneurs d'Auray avait été prononcé deux fois à la cour, mais sans retentissement aucun : la première, lorsque le jeune comte Emmanuel avait été reçu, en 1769, au nombre des pages de Sa Majesté Louis XV; la seconde, lorsqu'il était, en sortant de pagerie, entré dans les mousquetaires du jeune roi Louis XVI. Il avait connu un baron de Lectoure, quelque peu parent de monsieur de Maurepas, qui lui voulait du bien et qui jouissait d'une assez grande influence sur le ministre. Emmanuel avait été présenté chez ce vieux courtisan, qui, ayant appris que le comte d'Auray avait une sœur, laissa tomber un jour quelques mots sur la possibilité d'une union entre les deux familles. Emmanuel, jeune, plein d'ambition, ennuyé de se débattre derrière le voile qui recouvrait son nom, avait vu dans ce mariage un moyen de reprendre à la cour la position que son père avait occupée sous le feu roi, et en avait saisi la première ouverture avec empressement. Monsieur de Lectoure, de son côté, sous prétexte de resserrer par la fraternité les liens qui l'unissaient déjà au jeune comte, y avait mis une instance d'autant plus flatteuse pour Emmanuel, que l'homme qui demandait la main de sa sœur ne l'avait jamais vue. La marquise d'Auray, de son côté, avait adopté avec joie cette combinaison qui rouvrait à son fils le chemin de la faveur, de sorte que le mariage était arrêté, sinon entre les deux jeunes gens, du moins entre les deux familles, et qu'Emmanuel, précédant le fiancé de trois ou quatre jours seulement, venait annoncer à sa mère que tout était terminé selon son désir. Quant à Marguerite, la future épouse, on s'était contenté de lui faire part de la résolution prise, sans lui demander son consentement, et à peu près comme on signifie au coupable le jugement qui le condamne à mort.

C'était donc bercé des rêves brillans de son élévation future, et caressant dans son esprit les projets d'ambition les plus élevés, que le jeune comte Emmanuel rentra au sombre château de sa famille, dont les tourelles féodales, les murailles noires, les cours herbeuses formaient un contraste si tranché avec les espérances dorées qu'il renfermait pour lui. Ce château était à une lieue et demie de toute habitation. Une de ses façades dominait cette partie de l'Océan à laquelle ses vagues, éternellement battues par la tempête, ont fait donner le nom de la mer Sauvage. L'autre s'étendait sur un parc immense, qui, abandonné depuis vingt ans aux caprices de sa végétation, était devenu une véritable forêt. Quant aux appartemens, ils étaient restés continuellement fermés, à l'exception de ceux habités par la famille; et leur ameublement, renouvelé sous Louis XIV, avait conservé, grâce aux soins d'un nombreux domestique, un aspect riche et aristocratique que commençaient à perdre les meubles modernes, plus élégans, mais aussi moins grandioses, qui sortaient des ateliers de Boulle, le tapissier breveté de la cour.

Ce fut dans une de ces chambres aux grandes moulures, à la cheminée sculptée et au plafond à fresque, que le comte Emmanuel entra en descendant de voiture, si pressé d'apprendre à sa mère les heureuses nouvelles qu'il apportait, que, sans prendre le temps de changer d'habits, il jeta sur une table son chapeau, ses gants, ses pistolets de voyage, et ordonna à un vieux domestique d'aller prévenir la marquise de son arrivée, et de lui demander sa volonté pour qu'il se présentât chez elle ou qu'il l'attendît dans sa chambre; car tel était dans cette vieille famille le respect des parens, que le fils, après une absence de cinq mois, n'osait pas se présenter devant sa mère sans consulter auparavant sa convenance. Quant au marquis d'Auray, à peine si ses enfans se rappelaient l'avoir vu deux ou trois fois, et presque à la dérobée, car sa folie était, disait-on, de celles que certains objets irritent, et on les avait toujours éloignés de lui avec le plus grand soin. La marquise seule, modèle au reste des vertus conjugales, était restée auprès de lui, rendant au pauvre insensé, non-seulement les devoirs d'une femme, mais les services d'un domestique. Aussi son nom était-il révéré dans les villages environnans à l'égal de celui des saintes à qui leur dévouement sur la terre a conquis une place dans le ciel.

Un instant après, le vieux serviteur rentra, annonçant que madame la marquise d'Auray préférait descendre elle-même, et priait monsieur le comte de l'attendre dans l'appartement où il se trouvait. Presque aussitôt la porte du fond s'ouvrit, et la mère d'Emmanuel parut. C'était une femme de quarante à quarante-cinq ans, grande et pâle, mais encore belle, dont la figure calme, sévère et triste, avait une singulière expression de hauteur, de puissance et de commandement. Elle était vêtue du costume des veuves, adopté en 1760, car depuis l'époque où son mari avait perdu la raison, elle n'avait pas quitté ses robes de deuil. Ces longs vêtemens noirs donnaient à sa démarche, lente et froide comme celle d'une ombre, quelque chose de solennel qui répandait sur tout ce qui entourait cette femme singulière un sentiment de crainte que l'amour filial lui-même n'avait jamais vaincu chez ses enfans. Aussi, à son aspect, Emmanuel tressaillit comme à une apparition inattendue, et se levant aussitôt, il fit trois pas au devant d'elle, mit respectueusement un genou en terre, et baisa en s'inclinant la main qu'elle lui présentait.

— Levez-vous, monsieur, lui dit la marquise, je suis heureuse de vous revoir.

Et elle prononça ces paroles d'un son de voix aussi peu ému que si son fils, qui était absent depuis cinq mois, l'eût quittée la veille seulement. Emmanuel obéit, conduisit sa mère à un grand fauteuil où elle s'assit, et il resta debout devant elle.

— J'ai reçu votre lettre, comte, lui dit-elle, et je vous fais mes complimens sur votre habileté. Vous me paraissez né pour la diplomatie, plus encore que pour la guerre, et vous devriez prier le baron de Lectoure de solliciter pour vous une ambassade à la place d'un régiment.

— Lectoure est prêt à solliciter tout ce que nous désirerons, madame, et, qui plus est, il obtiendra tout ce que nous solliciterons, tant son pouvoir est grand sur monsieur de Maurepas, et tant il est amoureux de ma sœur.

— Amoureux d'une femme qu'il n'a pas vue?

— Lectoure est un gentilhomme de sens, madame, et le portrait que je lui fais de Marguerite, peut-être aussi les renseignemens qu'il a pris sur notre fortune, lui ont inspiré le désir le plus vif de devenir votre fils et de m'appeler son frère. Aussi est-ce lui qui a insisté pour que toutes les cérémonies préliminaires se fissent en son absence. Vous avez ordonné la publication des bans, madame?

— Oui.

— Après-demain donc nous pourrons signer le contrat?

— Avec l'aide de Dieu, tout sera prêt.

— Merci, madame.

— Mais, dites-moi, continua la marquise en s'appuyant sur le bras de son fauteuil et se penchant vers Emmanuel, ne vous a-t-il pas fait des questions sur ce jeune homme contre lequel il a obtenu du ministre un ordre d'exportation?

— Aucune, ma mère. Ces services sont de ceux que l'on demande sans explication et qu'on accorde de confiance; et il est convenu d'avance, entre gens qui savent vivre, qu'ils seront aussitôt oubliés que rendus.

— Donc il ne sait rien?

— Non, mais sût-il tout...

— Eh bien?

— Eh bien, madame, je le crois assez philosophe pour que cette découverte n'influât en rien sur sa détermination.

— Je m'en doutais; il est ruiné, répondit la marquise avec une indicible expression de mépris et comme si elle se parlait à elle-même.

— Mais cela fût-il, madame, dit avec inquiétude Emmanuel, votre détermination resterait la même, je l'espère?

— Ne sommes-nous pas assez riches pour lui refaire une fortune s'il nous refait une position?

— Il n'y a donc que ma sœur...

— Doutez-vous qu'elle obéisse quand j'ordonnerai?

— Croyez-vous donc qu'elle ait oublié Lusignan?

— Depuis six mois, du moins, elle n'a pas osé s'en souvenir devant moi.

— Songez, ma mère, continua Emmanuel, que ce mariage est le seul moyen de relever notre famille; car je ne dois pas vous cacher une chose : mon père, malade depuis quinze ans, et depuis quinze ans éloigné de la cour, a été complètement oublié du vieux roi à sa mort et du jeune roi à son avènement au trône. Vos soins si vertueux pour le marquis ne vous ont pas permis de le quitter un instant depuis l'heure qui l'a privé de la raison; vos vertus, madame, ont été de celles que Dieu voit et récompense, mais que le monde ignore; et tandis que vous accomplissez, dans ce vieux château perdu au fond de la Bretagne, cette mission sainte et consolatrice que, dans votre sévérité, vous appelez un devoir, vos anciens amis disparaissent morts ou oublieux; si bien, madame (cela est dur à dire, lorsque comme nous on compte six cents ans d'illustration!), que lorsque j'ai reparu à la cour, à peine si notre nom, le nom de la famille d'Auray, était connu de Leurs Majestés autrement que comme un souvenir historique.

— Oui, la mémoire des rois est courte, je le sais, murmura la marquise; mais presque aussitôt, et comme se reprochant ce blasphème : j'espère, continua-t-elle, que la bénédiction de Dieu se répand toujours sur Leurs Majestés et sur la France.

— Eh! qui pourrait porter atteinte à leur bonheur? répondit Emmanuel avec cette confiance parfaite dans l'avenir, qui était à cette époque l'un des caractères distinctifs de cette folle et insoucieuse noblesse. Louis XVI, jeune et bon, Marie-Antoinette, jeune et belle, sont aimés tous deux d'un peuple brave et loyal. Le sort les a placés, Dieu merci! hors d'atteinte de toute infortune.

—Personne, mon fils, répondit la marquise en secouant la tête, n'est placé, croyez-moi, au dessus des erreurs et des faiblesses humaines. Nul cœur, si maître de lui qu'il se croie, ni si ferme qu'il soit, n'est à l'abri des passions. Et aucune tête, fût-elle couronnée, ne peut répondre qu'elle ne blanchisse, même dans une nuit. Son peuple est brave et loyal, dites-vous? —La marquise se leva, s'avança lentement vers la fenêtre, et étendit d'un geste solennel la main du côté de l'Océan. — Voyez cette mer; elle est calme et paisible, et cependant demain, cette nuit, dans une heure peut-être, le souffle de l'ouragan nous apportera les cris de détresse des malheureux qu'elle engloutira. Quoique je sois éloignée du monde, d'étranges bruits arrivent parfois à mon oreille, portés comme par des esprits invisibles et prophétiques. N'existe-t-il pas une secte philosophique qui a entraîné dans ses erreurs quelques hommes de nom? Ne parle-t-on pas d'un monde entier qui se détache de la mère patrie, et dont les enfans refusent de reconnaître leur père? N'est-il pas un peuple qui s'intitule nation? N'ai-je pas entendu dire que des gens de race avaient traversé l'Océan pour offrir à des révoltés des épées que leurs ancêtres avaient l'habitude de ne tirer qu'à la voix de leurs souverains légitimes; et ne m'a-t-on pas dit encore, ou bien n'est-ce qu'un rêve de ma solitude, que le roi Louis XVI et la reine Marie-Antoinette elle-même, oubliant que les souverains sont une famille de frères, avaient autorisé ces migrations armées et donné des lettres de marque à je ne sais quel pirate?

— Tout cela est vrai, dit Emmanuel étonné.

— Dieu veille donc sur Leurs Majestés le roi et la reine de France! reprit la marquise en se retirant lentement et en laissant Emmanuel si stupéfait de ces prévisions douloureuses, qu'il la vit sortir de l'appartement sans lui adresser une parole pour qu'elle demeurât, ni sans faire un geste pour la retenir.

Emmanuel resta d'abord sérieux et pensif, couvert qu'il était, pour ainsi dire, de l'ombre projetée sur lui par le deuil de sa mère; mais bientôt son caractère insoucieux reprit le dessus, et, comme pour changer d'idées en changeant d'horizon, il quitta la fenêtre qui donnait sur la mer et alla s'appuyer à celle qui s'ouvrait sur la campagne, et de laquelle on découvrait toute la plaine qui s'étend d'Auray à Vannes. A peine y était-il depuis quelques minutes qu'il aperçut deux cavaliers qui suivaient la même route qu'il venait de faire, et paraissaient s'acheminer vers le château. Il ne put d'abord arrêter aucune opinion sur eux à cause de la distance. Mais, à mesure qu'ils approchaient, il distingua un maître et son domestique. Le premier, vêtu à la manière des jeunes élégans de cette époque, c'est-à-dire d'une petite redingote verte à brandebourgs d'or, d'une culotte de tricot blanc et de bottes à revers, coiffé d'un chapeau rond à large ganse, et portant ses cheveux noués par un flot de rubans, montait un cheval anglais de la plus grande beauté et du plus grand prix, qu'il manœuvrait avec la grâce d'un homme qui a fait de l'équitation une étude approfondie. Il était suivi, à quelque distance, par son valet, dont la livrée aristocratique était en harmonie parfaite avec l'air de seigneurie de celui auquel il appartenait. Emmanuel crut un instant, en les voyant se diriger si directement vers le château, que c'était le baron de Lectoure, qui, ayant avancé son voyage, venait le surprendre lui-même à son débotté; mais bientôt il reconnut son erreur, et, quoiqu'il lui semblât que ce n'était pas la première fois qu'il voyait ce cavalier, il lui fut impossible de se rappeler en quel lieu et en quelles circonstances il l'avait rencontré. Tandis qu'il cherchait dans sa mémoire à quel événement de sa vie se rattachait le souvenir vague de cet homme, les nouveaux arrivans disparurent derrière l'angle d'un mur. Cinq minutes après, Emmanuel entendit les pas de leurs chevaux dans la cour, et presque aussitôt la porte s'ouvrit, et un domestique annonça : ***Monsieur Paul!***

V.

Le nom, comme l'aspect de celui qu'on annonçait, éveillait à son tour dans la mémoire d'Emmanuel un souvenir confus auquel il n'avait pu encore rapporter ni date ni événement, lorsque celui que précédait le domestique apparut à la porte de l'appartement opposée à celle par laquelle était sortie la marquise. Quoique le moment fût inopportun pour une visite, et que le jeune comte, préoccupé de ses projets d'avenir, eût préféré les mûrir dans sa tête que les enfermer dans son cœur, il fut forcé, par ces obligations de convenance si sévère à cette époque entre gens comme il faut, de recevoir le nouveau venu, dont les manières au reste annonçaient un homme du monde, avec courtoisie et distinction. Après les saluts d'usage, Emmanuel fit signe à l'inconnu de prendre un fauteuil; l'inconnu s'inclina à son tour et s'assit, puis la conversation s'engagea par un lieu commun de politesse.

— Je suis enchanté de vous rencontrer, monsieur le comte, dit le nouveau venu.

— Le hasard m'a favorisé, monsieur, dit Emmanuel : une heure plus tôt vous ne me trouviez pas; j'arrive de Paris.

— Je le sais, monsieur le comte, car nous venons de faire le même chemin; je suis parti une heure après vous, et j'ai eu tout le long de la route de vos nouvelles par les postillons qui avaient eu l'honneur de vous conduire.

— Puis-je savoir, monsieur, répondit Emmanuel avec un accent dans lequel commençait à percer un certain mécontentement, à quelle circonstance je dois l'intérêt que vous paraissez prendre à ma personne?

— Cet intérêt est naturel entre anciennes connaissances, et peut-être aurais-je droit de me plaindre qu'il ne fût pas réciproque.

— En effet, monsieur, je crois vous avoir déjà rencontré quelque part, cependant mes souvenirs ne me servent que confusément. Soyez assez bon pour les aider.

— Si ce que vous me dites est vrai, monsieur le comte, votre mémoire est effectivement assez fugitive, car, depuis six mois, c'est la troisième fois que j'ai l'honneur d'échanger mes complimens contre les vôtres.

— Dussé-je m'exposer à un nouveau reproche, monsieur, je suis forcé d'avouer que je reste dans la même indécision à votre égard. Veuillez donc, je vous prie, préciser les époques par des dates ou par des événemens, et me rappeler dans quelles circonstances j'eus l'honneur de vous voir pour la première fois.

— La première fois, monsieur le comte, ce fut sur les grèves de Port-Louis que j'eus l'honneur de vous rencontrer. Vous désiriez, sur certaine frégate, des renseignemens que je fus assez heureux pour pouvoir vous transmettre. Je crois même que je vous accompagnai à bord. Cette fois, j'étais en costume d'enseigne de vaisseau de la marine royale, et vous en uniforme de mousquetaire.

— En effet, je me le rappelle, monsieur, et je fus même obligé de quitter le vaisseau sans vous adresser les remerciemens que je vous devais.

— Vous êtes dans l'erreur, monsieur le comte, ces remerciemens, je les ai reçus à notre seconde entrevue.

— Où cela?

— A bord du vaisseau même où je vous avais conduit, dans la cabine. Cette fois, je portais l'uniforme de capitaine de bâtiment : habit bleu, veste et culotte rouge, bas gris, chapeau à trois cornes, et cheveux roulés. Seulement le capitaine paraissait de trente ans plus âgé que l'enseigne, et ce n'était pas sans intention que je m'étais vieilli ainsi, car peut-être n'eussiez-vous pas confié à un jeune homme un secret de l'importance de celui que vous me communiquâtes alors.

— Ce que vous me rappelez là est incroyable, monsieur, et cependant quelque chose me dit que c'est la vérité. Oui, oui, je me rappelle que dans l'ombre où vous vous teniez caché, je vis briller des yeux pareils aux vôtres. Je ne les ai point oubliés. Mais cette fois, me ditesvous, est l'avant-dernière fois que j'eus l'honneur de vous voir. Continuez, monsieur, d'aider mes souvenirs, je vous prie, car je ne me rappelle pas quelle fut la dernière.

— La dernière, monsieur le comte, ce fut il y a huit jours..... à Paris..... à un assaut chez Saint-Georges, rue Chantereine. Vous vous rappelez, n'est-ce pas, un gentilhomme anglais; des cheveux roux dont la poudre dissimulait à peine la couleur tranchée, un habit rouge, un pantalon collant. J'eus même l'honneur de faire des armes avec vous, monsieur le comte, et je fus assez heureux pour vous boutonner trois fois, sans que, de votre côté, vous ayez eu la chance de me toucher une seule. Cette fois, je m'appelais Jones.

— C'est étrange! c'était bien le même regard, mais ce ne pouvait être le même homme.

— C'est que Dieu, répondit Paul, a voulu que le regard fût la seule chose qu'on ne pût déguiser : voilà pourquoi il a mis dans chaque regard une étincelle de sa flamme. Eh bien! cet aspirant, ce capitaine, cet Anglais, c'était moi.

— Et aujourd'hui, monsieur, qu'êtes-vous, s'il vous plaît? car avec un homme qui sait aussi parfaitement se déguiser, la question, vous en conviendrez, n'est pas tout à fait inutile.

— Aujourd'hui, monsieur le comte, vous le voyez, je n'ai aucun motif de me cacher : aussi je viens à vous avec le costume simple et négligé que portent les jeunes seigneurs lorsqu'ils se visitent entre eux, en voisin de campagne. Aujourd'hui je suis ce qu'il vous plaira de reconnaître en moi : Français, Anglais, Espagnol, Américain même. Dans lequel de ces idiomes vous plaît-il que nous continuions l'entretien?

— Quoique quelques-unes de ces langues me soient aussi familières qu'à vous, monsieur, je préfère la langue française : c'est la langue des explications brèves et concises.

— Soit, monsieur le comte, répondit Paul avec une expression profonde de mélancolie; le français est aussi la langue que je préfère; j'ai vu le jour sur la terre de France, car le soleil de France est le premier qui ait réjoui mes yeux; et quoique bien souvent j'aie vu des terres plus fertiles et un soleil plus brillant, il n'y a jamais eu pour moi qu'une terre et qu'un soleil : c'est le soleil et la terre de France!

— Votre enthousiasme national, interrompit Emmanuel avec ironie, vous fait oublier, monsieur, le sujet auquel je dois l'honneur de votre visite.

— Vous avez raison, monsieur le comte, et j'y reviens. Il y a six mois donc que, vous promenant sur la grève de Port-Louis, vous vîtes dans le hâvre extérieur une frégate à la carène étroite, aux mâteaux élancés, et vous vous dites : — Il faut que le capitaine de ce bâtiment ait des motifs à lui seul connus pour porter tant de toile et si peu de bois. — De là naquit dans votre esprit l'idée que j'étais un flibustier, un pirate, un corsaire, que sais-je?

— M'étais-je donc trompé?

— Je crois vous avoir exprimé déjà mon admiration, monsieur, répondit Paul avec un léger accent de raillerie, pour la perspicacité avec laquelle vous pénétrez du premier coup d'œil au fond des hommes et des choses.

— Trêve de complimens, monsieur, venons au fait.

— Dans cette persuasion, vous vous fîtes donc conduire à bord par certain enseigne, et vous trouvâtes dans la cabine certain capitaine. Vous étiez porteur d'une lettre du ministre de la marine qui ordonnait à tout officier au long cours, requis par vous, et dont le bâtiment sous pavillon français serait en partance pour le golfe du Mexique, de conduire à Cayenne le nommé Lusignan, coupable de crime d'Etat.

— C'est vrai.

— J'obéis à cet ordre, car j'ignorais alors que ce grand coupable que l'on déportait n'avait commis d'autre crime que d'avoir été l'amant de votre sœur.

— Monsieur! s'écria Emmanuel en se levant tout debout.

— Voilà de beaux pistolets, comte, continua négligemment Paul en jouant avec les armes qu'en descendant de voiture le comte d'Auray avait jetées sur la table.

— Et qui sont tout chargés, monsieur, répondit Emmanuel avec un accent auquel il n'y avait pas à se méprendre.

— Portent-ils juste? continua Paul avec une indifférence affectée.

— C'est une chose dont vous êtes le maître de vous assurer, monsieur, répondit Emmanuel, si vous voulez faire avec moi un tour dans le parc.

— Il est inutile de sortir pour cela, monsieur le comte, dit Paul sans paraître comprendre la proposition d'Emmanuel dans le sens provocateur qu'il avait voulu lui donner. Voici un but tout placé et à une portée convenable.

A ces mots le capitaine arma le pistolet et le dirigea par la fenêtre ouverte vers la cime d'un petit arbre. Un chardonneret se balançait sur la branche la plus élevée, faisant entendre son chant joyeux et perçant; le coup partit, et le pauvre oiseau, coupé en deux, tomba au pied de l'arbre. Paul reposa froidement le pistolet sur la table.

— Vous aviez raison, monsieur le comte, lui dit-il, ce sont de bonnes armes, et je vous conseille de ne pas vous en défaire.

— Vous venez de m'en donner une étrange preuve, monsieur, répondit Emmanuel, et je suis forcé d'avouer que vous avez la main sûre.

— Que voulez-vous, comte, reprit Paul avec cet accent mélancolique qui lui était particulier, pendant ces longs jours de calme, lorsque aucun souffle de vent ne passe sur ce miroir de Dieu qu'on appelle l'Océan, nous autres marins, nous sommes forcés de chercher des distractions qui viennent au-devant de vous sur la terre. Alors nous exerçons notre adresse sur les goëlands qui se bercent mollement au sommet d'une vague; sur les margats qui se précipitent du ciel pour saisir à la surface de l'eau les poissons imprudens qui y montent, et sur les hirondelles fatiguées d'un long voyage qui se posent au sommet de nos vergues. Voilà, monsieur le comte, comment nous arrivons à une certaine force dans des exercices qui paraissent d'abord si étrangers à notre profession.

— Continuez, monsieur, et si la chose est possible, revenons à notre sujet.

— C'était un bon et brave jeune homme que ce Lusignan! Il me raconta son histoire; comment, fils d'un ancien ami de votre père, mort sans fortune, il avait été adopté par lui un an ou deux avant l'accident inconnu qui le priva de sa raison; comment, élevé avec vous, il vous inspira, dès les premières années, à vous la haine, à votre sœur l'affection. Il me dit cette longue adolescence développée dans la même solitude, et comment lui et votre sœur ne s'apercevaient de leur isolement au milieu du monde que lorsqu'ils n'étaient point ensemble ! Il me raconta tous les détails de leurs amours juvéniles, et comment, un jour, Marguerite lui dit les paroles de la jeune fille de Vérone : « Je serai à toi ou à la tombe. »

— Et elle n'a trop bien tenu parole !

— Oui, n'est-ce pas? Et vous appelez cela de la honte et du déshonneur, vous autres gens vertueux, quand une pauvre enfant, perdue par son innocence même, cède à l'âge, à l'entraînement, à l'amour ! Votre mère, que des devoirs éloignaient de sa fille et rapprochaient de son mari (car je sais les vertus de votre mère, monsieur, comme je sais les faiblesses de votre sœur; c'est une femme sévère, plus sévère que ne devait l'être une créature humaine qui n'a sur les autres que l'avantage de n'avoir jamais failli), votre mère, dis-je, entendit une nuit des cris mal étouffés; elle entra dans la chambre de votre sœur, marcha, pâle et muette, vers son lit, arracha froidement de ses bras un enfant qui venait de naître, et sortit avec lui, sans adresser un reproche à sa fille, mais seulement plus pâle et plus muette encore que lorsqu'elle était entrée. Quant à la pauvre Marguerite, elle ne poussa pas une plainte, elle ne jeta pas un cri : elle s'était évanouie en apercevant sa mère. Est-ce cela, monsieur le comte? suis-je bien informé, et cette terrible histoire est-elle exacte?

— Aucun détail ne vous est inconnu, je dois l'avouer, murmura Emmanuel atterré.

— C'est que ces détails, répondit Paul en ouvrant un portefeuille, sont tous consignés dans ces lettres de votre sœur, qu'au moment de prendre la place que vous lui avez faite par votre crédit au milieu des voleurs et des assassins, Lusignan m'a remises afin que je les rapportasse à celle qui les avait écrites.

— Donnez-les moi donc, monsieur ! s'écria Emmanuel en étendant la main vers le portefeuille, et elles seront fidèlement rendues à celle qui a eu l'imprudence...

— De se plaindre à la seule personne qui l'aimait au monde, n'est-ce pas? interrompit Paul en retirant à lui les lettres et le portefeuille. Imprudente jeune fille, à qui une mère arrache l'enfant de son cœur et qui a versé des larmes amères dans le sein du père de son enfant! Imprudente sœur, qui n'ayant pas trouvé contre cette tyrannie appui dans son frère, a compromis son noble nom en signant du nom qu'elle porte des lettres qui, aux regards stupides et prévenus du monde, peuvent... Comment appelez-vous cela, vous autres?... déshonorer sa famille, n'est-ce pas?

— Alors, monsieur, répondit Emmanuel rougissant d'impatience, puisque vous connaissez si bien la portée terrible de ces papiers, accomplissez donc la mission dont vous vous êtes chargé en les remettant soit à moi, soit à ma mère, soit à ma sœur.

— C'était d'abord mon intention en débarquant à Lorient, monsieur; mais voilà dix ou douze jours à peu près qu'en entrant dans une église...

— Dans une église?

— Oui, monsieur.

— Et pourquoi faire ?

— Pour prier.

— Ah ! monsieur le capitaine Paul croit en Dieu ?

— Si je n'y croyais pas, monsieur le comte, qui donc invoquerais-je pendant la tempête?

— Et dans cette église, enfin ?...

— Dans cette église, monsieur, j'ai entendu un prêtre annoncer le prochain mariage de noble demoiselle Marguerite d'Auray avec très haut et très puissant seigneur le baron de Lectoure. Je m'informai aussitôt de vous; j'appris que vous étiez à Paris : j'étais forcé d'y aller moi-même pour rendre compte de ma mission au roi.

— Au roi !

— Oui, monsieur, au roi Louis XVI, à Sa Majesté... elle-même... Je partis, me promettant de revenir aussitôt que vous; je vous rencontrai chez Saint-Georges; j'appris votre départ prochain; j'arrangeai le mien sur le vôtre, afin que nous arrivassions ici en même temps à peu près, et... me voilà devant vous, monsieur, avec une résolution toute différente de celle que j'avais, il y a trois semaines, en abordant en Bretagne.

— Et quelle est cette résolution nouvelle, monsieur? Voyons, car il faut en finir!

— Eh bien! j'ai pensé que, puisque tout le monde, et même sa mère, oubliaient le pauvre orphelin, il fallait que je m'en souvinsse, moi! Dans la position où vous êtes, monsieur, et avec le désir que vous avez de vous allier au baron de Lectoure (lequel, dans votre esprit, est le seul qui puisse réaliser vos projets d'ambition), ces lettres valent bien cent mille francs, n'est-ce pas? et c'est une bien légère brèche faite aux deux cent mille livres de rente qui composent votre fortune.

— Mais qui me prouvera que ces cent mille francs...

— Vous avez raison, monsieur; aussi est-ce en échange d'un contrat de rente au nom du jeune Hector de Lusignan que je remettrai ces lettres.

— Et ce sera tout, monsieur?

— Je vous demanderai encore l'abandon de l'enfant, que je ferai élever, grâce à sa petite fortune, loin de la mère qui l'a oublié, et loin du père que vous avez fait bannir.

— C'est bien, monsieur. Si j'avais su que c'était pour une si faible somme et un si mince intérêt que vous étiez venu, je n'aurais pas pris une si grande inquiétude. Cependant vous permettrez que j'en parle à ma mère.

— Monsieur le comte? dit un domestique ouvrant la porte.

— Je n'y suis pour personne; laissez-moi, répondit Emmanuel avec impatience.

— C'est la sœur de monsieur le comte qui demande à le voir.

— Qu'elle revienne plus tard.

— C'est à l'instant même qu'elle désire...

— Ne vous gênez pas pour moi, interrompit Paul.

— Mais ma sœur ne peut vous voir, monsieur. Vous comprenez qu'il est important que ma sœur ne vous voie pas.

— A merveille! mais comme il est important aussi que je ne quitte pas ce château sans avoir terminé l'affaire qui m'y amène, permettez que j'entre dans ce cabinet.

— Parfaitement, monsieur, dit Emmanuel ouvrant lui-même la porte. Mais hâtez-vous, je vous prie.

Paul entra dans le cabinet. Emmanuel referma vivement la porte sur lui, et à peine la porte était-elle refermée, que Marguerite parut.

VI.

Marguerite d'Auray, dont nos lecteurs ont appris l'histoire en assistant à la conversation du capitaine et du comte Emmanuel, était une de ces beautés frêles et pâles qui portent empreint sur toute leur personne le cachet aristocratique de leur naissance. Au premier coup d'œil on devinait tout ce qu'il y avait de race dans la souplesse moelleuse de sa taille, dans la blancheur mate de sa peau, et dans le modelé de ses mains effilées, aux ongles roses et transparens. Il était évident que ses pieds, si petits que tous deux eussent tenu dans la trace d'un pas de femme ordinaire, n'avaient jamais marché que sur les tapis d'un salon ou sur la pelouse fleurie d'un parc. Il y avait dans sa démarche, si gracieuse qu'elle fût, quelque chose de hautain et de fier qui rappelait le portrait de famille; enfin l'on sentait que son âme, capable de tous les sacrifices inspirés, pouvait devenir rebelle à toutes les tyrannies imposées; que le dévouement était dans son cœur une vertu instinctive, tandis que l'obéissance n'était dans son esprit qu'un devoir d'éducation : de sorte que le vent d'orage qui soufflait sur elle la courbait comme un lis et non comme un roseau.

Cependant, lorsqu'elle parut à la porte, ses traits offraient l'expression d'un découragement si complet, ses joues avaient conservé la trace de larmes si brûlantes, tout son corps pliait sous le poids d'un malheur si désespéré, qu'Emmanuel comprit qu'elle avait dû rassembler toutes ses forces pour conserver l'apparence du calme. En l'apercevant elle fit un effort sur elle-même, et une réaction visible s'opéra : ce fut donc avec une certaine fermeté nerveuse qu'elle s'approcha du fauteuil où il était assis. Puis, voyant que la figure de son frère conservait l'expression d'impatience qu'elle avait prise lorsqu'il avait été interrompu, elle s'arrêta, et ces deux enfans de la même mère, à qui la société n'avait pas encore fait des droits pareils, se regardèrent comme des étrangers, l'un avec les yeux de l'ambition, l'autre avec ceux de la crainte. Peu à peu, toutefois, Marguerite reprit courage.

— Enfin vous voilà, Emmanuel, lui dit-elle; j'attendais votre retour comme l'aveugle attend la lumière. Et, cependant, à la manière dont vous accueillez votre sœur, il est facile de voir qu'elle a eu tort de compter sur vous.

— Si ma sœur est redevenue ce qu'elle aurait toujours dû être, répondit Emmanuel, c'est-à-dire fille soumise et respectueuse, elle aura, pendant mon absence, compris ce qu'exigeaient d'elle son rang et sa position ; elle aura oublié les événemens passés comme des choses qui ne devaient pas arriver, et que, par conséquent, elle ne doit pas se rappeler, et elle se sera préparée au nouvel avenir qui s'ouvre devant elle. Si c'est ainsi qu'elle se présente à moi, mes bras lui sont ouverts, et ma sœur est toujours ma sœur.

— Écoutez bien mes paroles, répondit Marguerite, et prenez-les surtout comme une justification pour moi, et non comme un reproche contre les autres. Si ma mère (Dieu me garde de l'accuser, car de saints devoirs l'éloignaient de nous), si ma mère, dis-je, avait été pour moi ce que sont toutes les mères, je lui eusse constamment ouvert mon cœur comme un livre. Aux premiers mots qu'y eût tracés une main étrangère elle m'eût prévenue du danger, et je l'eusse fui. Si j'avais été élevée au milieu du monde, au lieu d'avoir grandi comme une pauvre fleur sauvage à l'ombre de ce vieux château, j'aurais connu dès mon enfance ce rang et cette position que vous me rappelez aujourd'hui, et je ne me serais probablement pas écartée des convenances qu'ils prescrivent et des devoirs qu'ils imposent. Enfin si, jetée au milieu de ces femmes du monde à l'esprit enjoué, au cœur frivole, que je vous ai souvent entendu vanter, mais que je ne connais pas, j'avais commis les mêmes fautes que j'ai commises par amour, oui, je le comprends, j'aurais pu oublier le passé, semer à sa surface de nouveaux souvenirs, comme on plante des fleurs sur une tombe; puis, oubliant la place où elles étaient nées, me faire avec ces fleurs un bouquet de bal et une couronne de fiancée. Mais malheureusement il n'en est point ainsi, Emmanuel. On m'a dit de prendre garde lorsqu'il n'était plus temps d'éviter le danger; on m'a rappelé mon rang et ma position lorsque j'en étais déjà déchue, et l'on vient demander à mon cœur de se tourner vers les joies de l'avenir lorsqu'il est abîmé dans les larmes du passé.

— Et la conclusion de tout ceci? dit amèrement Emmanuel.

— La conclusion, dit Marguerite, c'est toi seul, Emmanuel, qui peux la faire, sinon heureuse, du moins loyale. Je n'ai point de recours en mon père, hélas! je ne sais pas même s'il reconnaîtrait sa fille. Je n'ai pas d'espérance en ma mère : son seul regard me glace, sa seule parole me tue. Il n'y avait donc que toi que je pusse venir trouver, et à qui je pusse dire : — Mon frère, tu es le chef de la maison, c'est à toi maintenant que chacun de nous répond de son honneur. J'ai failli par ignorance, et j'ai été punie de ma faute comme d'un crime; n'est-ce pas assez?

— Après, après? murmura Emmanuel avec impatience; voyons, que demandes-tu?

— Je demande, mon frère, puisque toute union a été jugée impossible avec celui-là à qui seule je pouvais m'unir, je demande qu'on mesure le supplice à mes forces. Ma mère (Dieu lui pardonne!) m'a enlevé mon enfant comme si jamais elle n'avait été mère! et mon enfant sera élevé loin de moi dans l'oubli et l'obscurité. Toi, Emmanuel, tu t'es chargé du père, comme ma mère s'était chargée de l'enfant, et tu as été plus cruel pour lui qu'il n'appartenait, je ne dirai pas à un homme de l'être envers un homme, mais à un juge envers un coupable. Quant à moi, voilà que, tous deux réunis, vous voulez m'imposer un martyre plus douloureux encore que celui qui conduit au ciel. Eh bien! je demande, Emmanuel, au nom de notre enfance écoulée dans le même berceau, de notre jeunesse abritée sous le même toit, au nom du titre de frère et de sœur que la nature nous a donné et que nous portons, je demande qu'un couvent s'ouvre pour moi et se referme sur moi; et dans ce couvent, Emmanuel, je te le jure, chaque jour, agenouillée devant Dieu, le front contre la pierre, courbée sous ma faute, je demanderai au Seigneur, pour toute récompense de mes larmes, pour mon père la raison, pour ma mère le bonheur, et pour toi, Emmanuel, les honneurs, la gloire, la fortune. Je te le jure, voilà ce que je ferai.

— Oui, et l'on dira de par le monde que j'avais une sœur que j'ai sacrifiée à ma fortune, et dont j'ai hérité pendant qu'elle vivait encore! Allons donc! tu es folle!

— Écoute, Emmanuel, dit Marguerite s'appuyant au dossier de la chaise qui se trouvait près d'elle.

— Eh bien? répondit Emmanuel.

— Lorsque tu as donné une parole, tu la tiens, n'est-ce pas!

— Je suis gentilhomme.

— Eh bien! regarde ce bracelet...

— Je le vois à merveille; après?

— Il est fermé par une clef; la clef qui l'ouvre est à une bague, et cette bague, je l'ai donnée avec ma parole que je ne me croirais dégagée de ma promesse que lorsqu'elle me serait rapportée et remise.

— Et celui qui en a la clef?

— Grâce à toi et à ma mère, Emmanuel, il est trop loin d'ici pour que nous la lui fassions redemander : il est à Cayenne.

— Je ne te donne pas deux mois de mariage, répondit Emmanuel avec un sourire d'ironie, pour que ce bracelet te gêne au point que tu sois la première à vouloir t'en débarrasser.

— Je croyais t'avoir dit qu'il était scellé à mon bras.

— Tu sais ce qu'on fait quand on a perdu une clef et qu'on ne peut rentrer chez soi? on envoie chercher le serrurier!

— Eh bien! pour moi, Emmanuel, répondit Marguerite en élevant la voix et en étendant le bras avec un geste ferme et solennel, ce sera le bourreau qu'on enverra chercher, car on coupera cette main avant que je ne la donne à un autre.

— Silence! silence! dit Emmanuel en se levant, et en regardant avec inquiétude vers la porte du cabinet.

— Et maintenant tout est dit, ajouta Marguerite. Je n'avais d'espoir qu'en toi, Emmanuel, car, quoique tu ne comprennes aucun sentiment profond, tu n'es pas méchant. Je suis venue en larmes, — regarde si je mens! — te dire : — Mon frère, ce mariage c'est le malheur, c'est le désespoir de ma vie; j'aime mieux le couvent, j'aime mieux la misère, j'aime mieux la mort! Et tu ne m'as pas écoutée, ou, si tu m'as écoutée, tu ne m'as pas comprise. Eh bien! je m'adresserai à cet homme, je ferai un appel à son honneur, à sa délicatesse. Si cela ne suffit pas, je lui raconterai tout : mon amour pour un autre, ma faiblesse, ma faute, mon crime; je lui dirai que j'ai un enfant, car, quoique l'on me l'ait enlevé, quoique je ne l'aie pas revu, quoique j'ignore où il est, mon enfant existe.

Un enfant ne meurt pas ainsi sans que sa mort retentisse au cœur de sa mère. Enfin je lui dirai, s'il le faut, je lui dirai que j'en aime un autre, que je ne puis l'aimer, lui, et que je ne l'aimerai jamais.

— Eh bien! dis-lui tout cela, s'écria Emmanuel, impatienté de tant d'insistance, et le soir nous signerons le contrat, et le lendemain tu seras baronne de Lectoure.

— Et alors, répondit Marguerite, alors je serai véritablement la femme la plus malheureuse qu'il y ait au monde, car j'aurai un frère pour lequel je n'aurai plus d'amour, et un mari pour lequel je n'aurai plus d'estime! Adieu, Emmanuel; crois-moi, ce contrat n'est pas encore signé!

A ces mots, Marguerite sortit avec ce désespoir lent et profond à l'expression duquel il n'y a point à se méprendre. Aussi Emmanuel, convaincu que c'était, non pas comme il l'avait cru, une victoire remportée, mais une lutte à soutenir, la regarda-t-il s'éloigner avec une inquiétude qui n'était pas exempte d'attendrissement. Au bout d'un instant de silence et d'immobilité, il se retourna, et aperçut derrière lui le capitaine Paul, qu'il avait complétement oublié, et qui se tenait debout à la porte du cabinet. Aussitôt, songeant de quelle nécessité était pour lui, dans une telle circonstance, la possession des papiers qu'était venu lui offrir le capitaine Paul, il s'assit vivement à une table, prit une plume et du papier, et se tournant vers lui :

— Maintenant, monsieur, lui dit-il, nous voilà seuls, et rien n'empêche plus que nous terminions l'affaire. Dans quels termes désirez-vous que la promesse soit rédigée? Dictez, je suis prêt à écrire.

— C'est inutile, monsieur, répondit froidement le capitaine.

— Et pourquoi?

— J'ai changé d'avis.

— Comment cela? dit Emmanuel en se levant effrayé des conséquences qu'il entrevoyait dans ces paroles auxquelles il était loin de s'attendre.

— Je donnerai, répondit Paul avec le calme de la résotion prise, les cent mille livres à l'enfant, et je trouverai un mari à votre sœur.

— Mais qui êtes-vous donc, s'écria Emmanuel en faisant un pas vers lui, qui êtes-vous donc, monsieur, pour disposer ainsi d'une jeune fille qui est ma sœur, et qui ne vous a jamais vu, et qui ne vous connaît pas?

— Qui je suis? répondit Paul en souriant. Sur mon honneur, je ne suis pas plus avancé que vous sur ce point, car ma naissance est un secret qui ne doit m'être révélé que lorsque j'aurai vingt-cinq ans.

— Et vous les aurez?...

— Ce soir, monsieur. Je me mets à votre disposition à compter de demain pour tous les renseignemens que vous aurez à me demander. A ces mots, Paul s'inclina.

— Je vous laisse sortir, monsieur, dit Emmanuel; mais vous comprenez que c'est à la condition de vous revoir.

— J'allais vous faire cette condition, monsieur, répondit Paul, et je vous remercie de m'avoir prévenu.

A ces mots, il salua une seconde fois Emmanuel, et sortit de l'appartement.

A la porte du château, Paul retrouva son domestique et son cheval, et reprit la route de Port-Louis. Arrivé hors de la vue du château, il descendit de sa monture, et s'achemina vers une petite maison de pêcheur bâtie sur la grève. A la porte de cette maison, assis sur un banc, et revêtu d'un costume de matelot, était un jeune homme tellement absorbé dans ses pensées, qu'il n'entendit pas Paul s'approcher de lui. Le capitaine lui posa la main sur l'épaule; le jeune homme tressaillit, le regarda, et pâlit affreusement, quoique le visage ouvert et joyeux de Paul indiquât qu'il était loin d'être porteur d'une mauvaise nouvelle.

— Eh bien! lui dit Paul, je l'ai vue.

— Qui cela? murmura le jeune homme.

— Marguerite, pardieu!

— Après?

— Elle est charmante!

— Je ne te demande pas cela, mon Dieu!

— Elle t'aime toujours.

— Oh, mon Dieu!!! s'écria le jeune homme en se jetant dans ses bras et en éclatant en sanglots.

VII.

Quoique nos lecteurs doivent comprendre facilement, d'après ce que nous venons de leur raconter, ce qui s'était passé pendant les six mois où nous avons perdu de vue nos héros, quelques détails sont cependant nécessaires pour l'intelligence parfaite des nouveaux événemens qui vont s'accomplir.

Le soir même du combat que, malgré notre ignorance en marine, nous avons tenté de mettre sous les yeux de nos lecteurs, Lusignan avait raconté à Paul l'histoire de sa vie toute entière : elle était simple et peu accidentée; l'amour en avait été le principal événement, et, après en avoir fait toute la joie, il en faisait toute la douleur. L'existence libre et aventureuse de Paul, sa position en dehors de toutes les exigences, son caprice au-dessus de toutes les lois, ses habitudes de royauté à bord, lui avaient inspiré un sentiment trop juste du droit naturel pour qu'il suivît à l'égard de Lusignan l'ordre qui lui avait été donné. D'ailleurs, quoique à l'ancre sous le pavillon français, Paul, comme nous l'avons vu, appartenait à la marine américaine, dont il avait adopté la cause avec enthousiasme. Il continua donc sa croisière dans la Manche, mais, ne trouvant rien à faire sur l'Océan, il débarqua à White-Haven, petit port du comté de Cumberland, à la tête d'une vingtaine d'hommes parmi lesquels était Lusignan, s'empara du fort, encloua les canons, et ne se remit en mer qu'après avoir brûlé des vaisseaux marchands qui étaient dans la rade. De là il avait fait voile pour les côtes d'Écosse, dans le but d'enlever le comte de Selkirk, et de l'emmener en ôtage aux États-Unis; mais ce projet avait échoué par une circonstance imprévue, ce seigneur étant alors à Londres. Dans cette entreprise comme dans l'autre, Lusignan l'avait secondé avec le courage que nous lui avons vu déployer dans le combat de *l'Indienne* contre *le Drake*; de sorte que, plus que jamais, Paul s'était félicité du hasard qui l'avait choisi pour s'opposer à une injustice. Mais ce n'était pas le tout que d'avoir sauvé Lusignan de la déportation : il fallait lui rendre l'honneur; et, pour notre jeune aventurier, dans lequel nos lecteurs ont sans doute reconnu le fameux corsaire Paul Jones, c'était chose plus facile que pour tout autre; car, ayant reçu des lettres de marque du roi Louis XVI pour courir sus aux Anglais, il devait revenir à Versailles rendre compte de sa croisière.

Paul choisit le port de Lorient, y vint jeter une seconde fois l'ancre, afin d'être à portée du château d'Auray. La première réponse qu'obtinrent les jeunes gens aux questions qu'ils firent fut la nouvelle du mariage de Marguerite d'Auray et de monsieur de Lectoure. Lusignan se crut oublié, et, dans son premier mouvement de désespoir, il voulait, au risque de tomber aux mains de ses persécuteurs, revoir encore une fois Marguerite, ne fût-ce que pour lui reprocher son ingratitude; mais Paul, plus calme et moins crédule, lui fit donner sa parole de ne point mettre pied à terre avant qu'il eût reçu de ses nouvelles; puis, s'étant assuré que le mariage ne pouvait pas avoir lieu avant quinze jours, il partit pour Paris, et fut reçu par le roi, qui lui donna une épée avec une poignée d'or, et le décora de l'ordre du Mérite militaire. Paul avait profité de cette bienveillance pour raconter au roi Louis XVI l'aventure de Lusignan, et avait obtenu, non-seulement sa grâce, mais encore, en récompense de ses services, le titre de gouverneur de la Guadeloupe. Tous ces soins ne lui avaient pas fait perdre de vue Emmanuel. Prévenu du départ de ce dernier, il était parti de Paris, et ayant fait dire à Lusignan de l'attendre, il était arrivé à Auray une heure après le jeune comte. Nous avons vu ensuite comment il avait été détrompé sur le compte de Marguerite, comment il avait assisté à la scène où celle-ci avait inutilement supplié son frère de prendre pitié d'elle, et de ne pas la forcer d'épouser le baron de Lectoure, et comment enfin, en sortant du château, il avait rejoint au bord de la mer Lusignan, qui l'y attendait, prévenu par une lettre qu'il lui avait écrite la veille.

Les deux jeunes gens restèrent ensemble jusqu'au moment où le jour commença à tomber. Alors Paul, qui, comme il l'avait dit à Emmanuel, avait une révélation personnelle à entendre, quitta son ami, et reprit à pied le chemin d'Auray. Cette fois, il n'entra point au château, et, longeant les murs du parc, il se dirigea vers une grille qui donnait entrée dans leur enceinte, et qui s'ouvrait sur un bois appartenant au domaine d'Auray.

Cependant, une heure à peu près avant que Paul quittât la cabane du pêcheur où il avait retrouvé Lusignan, une autre personne le précédait vers celui à qui il allait demander la révélation de sa naissance; cette autre personne, c'était la marquise d'Auray, la hautaine héritière du nom de Sablé, que nous avons vue apparaître une seule fois dans ce récit pour y dessiner sa figure pâle et sévère. Elle était vêtue de son même costume noir; seulement elle avait jeté sur son front un long voile de deuil qui l'enveloppait des pieds à la tête. Du reste, le but que cherchait, avec l'hésitation de l'ignorance, notre brave et insoucieux capitaine, lui était familier, à elle : c'était une espèce de maison de garde située à quelques pas de l'entrée du parc, et habitée par un vieillard auprès duquel la marquise d'Auray accomplissait depuis vingt ans une de ces œuvres de bienfaisance laborieuse et continue qui lui avait valu, dans une partie de la Basse-Bretagne, la réputation de sainteté rigide dont elle jouissait. Ces soins à la vieillesse étaient rendus, il est vrai, avec ce même visage sombre et solennel que nous lui avons vu, et que ne venaient jamais éclairer les douces émotions de la pitié; mais ils n'en étaient pas moins rendus, et chacun le savait, avec une exactitude qui remplaçait l'abandon et le charme de la bienfaisance par la ponctualité du devoir.

La figure de la marquise d'Auray était plus grave encore que de coutume, lorsqu'elle traversa lentement le parc de son château pour se rendre à cette petite garderie qu'habitait, à ce que l'on disait, un vieux serviteur de sa famille. La porte en était ouverte comme pour laisser pénétrer dans l'intérieur de la chambre les derniers rayons du soleil couchant, si doux au mois de mai, et si réchauffans pour les vieillards. Cependant elle était vide. La marquise d'Auray entra, regarda autour d'elle, et, comme si elle eût été certaine que celui qu'elle y venait chercher ne pouvait tarder longtemps, elle résolut de l'attendre. Elle s'assit, mais hors de l'atteinte des rayons du soleil, pareille à ces statues sculptées sur les tombes, et qui ne sont à l'aise qu'à l'ombre mortuaire de leurs humides caveaux.

Elle était là depuis une demi-heure à peu près, immobile et plongée dans ses réflexions, lorsqu'elle vit, entre elle et le jour mourant, apparaître une ombre sur la porte; elle leva lentement les yeux, et se trouva en face de celui qu'elle attendait. Tous deux tressaillirent, comme s'ils se rencontraient par hasard, et comme s'ils n'avaient pas l'habitude de se voir chaque jour.

— C'est vous, Achard, dit la marquise rompant le silence la première. Je vous attends depuis une demi-heure. Où donc étiez-vous?

— Si madame la marquise avait voulu faire cinquante pas de plus, elle m'aurait trouvé sous le grand chêne, à la lisière de la forêt.

— Vous savez que je ne vais jamais de ce côté, répondit la marquise avec un frissonnement visible.

— Et vous avez tort, madame; il y a quelqu'un au ciel qui a droit à nos prières communes, et qui s'étonne peut-être de n'entendre que celles du vieil Achard.

— Et qui vous dit que je ne prie pas de mon côté? dit la marquise avec une certaine agitation fébrile. Croyez-vous que les morts exigent que l'on soit sans cesse agenouillé sur leurs tombes?

— Non, répondit le vieillard avec un sentiment de profonde tristesse; non, je ne crois pas les morts si exigeans, madame; mais je crois que, si quelque chose de nous vit encore sur la terre, ce quelque chose tressaille au bruit des pas de ceux que nous avons aimé pendant notre vie.

— Mais, dit la marquise d'une voix basse et creuse, si cet amour fut un amour coupable!

— Si coupable qu'il ait été, madame, répondit le vieillard, baissant sa voix à l'unisson de celle de la marquise, croyez-vous que le sang et les pleurs ne l'aient pas expié? Dieu fut alors, croyez-moi, un juge trop sévère pour n'être pas aujourd'hui un père indulgent.

— Oui, Dieu a pardonné peut-être, murmura la marquise, mais si le monde savait ce que Dieu sait, pardonnerait-il comme Dieu?

— Le monde! s'écria le vieillard, le monde!... Oui, voilà le grand mot sorti de votre bouche! Le monde!... c'est à lui, c'est à ce fantôme que vous avez tout sacrifié, madame : sentiment d'amante, sentiment d'épouse, sentiment de mère! bonheur personnel, bonheur d'autrui!... Le monde! c'est la crainte du monde qui vous a habillée de ce vêtement de deuil derrière lequel vous avez espéré lui cacher vos remords! et vous avez eu raison, car vous êtes parvenue à le tromper, et il a pris vos remords pour des vertus!

La marquise releva la tête avec inquiétude, et écarta les plis de son voile pour regarder celui qui lui tenait cet étrange discours; puis, après un instant de silence, n'ayant rien pu démêler sur la figure calme du vieillard :

— Vous me parlez, lui dit-elle, avec une amertume qui me ferait croire que vous avez personnellement quelque chose à me reprocher. Ai-je manqué à quelques-unes de mes promesses? les gens qui vous servent par mes ordres n'ont-ils pas pour vous le respect et l'obéissance que je leur recommande? Vous savez que, s'il en est ainsi, vous n'avez qu'à dire un mot.

— Pardonnez-moi, madame, c'est de la tristesse et non de l'amertune; c'est l'effet de l'isolement et de la vieillesse. Vous devez savoir, vous, ce que c'est que des peines qu'on ne peut communiquer! ce que c'est que des larmes qui ne doivent pas sortir, et qui retombent, goutte à goutte, sur le cœur! Non, je n'ai à me plaindre de personne, madame. Depuis que, par un sentiment dont je vous suis reconnaissant sans chercher à l'approfondir, vous vous êtes chargée de veiller vous-même à ce qu'il ne me manquât rien, vous n'avez pas un seul jour oublié votre promesse, et, comme le vieux prophète, j'ai même parfois vu venir un ange pour messager!

— Oui, répondit la marquise, je sais que Marguerite accompagne souvent le domestique chargé de votre service, et j'ai vu avec plaisir les soins qu'elle vous rendait et l'amitié qu'elle avait pour vous.

— Mais, à mon tour, je n'ai pas manqué non plus à mes promesses, je l'espère. Depuis vingt ans, j'ai vécu loin des hommes, j'ai écarté tout être vivant de cette maison, tant je craignais pour vous le délire de mes veilles et l'indiscrétion de mes nuits!

— Certes, certes, et le secret heureusement a été bien gardé, dit la marquise en posant la main sur le bras d'Achard; mais ce n'est pour moi qu'un motif de plus pour ne point perdre en un jour le fruit de vingt années plus sombres, plus isolées, plus terribles encore que les vôtres!

— Oui, je comprends : vous avez tressailli plus d'une fois en songeant tout à coup qu'il y avait, de par le monde, un homme qui viendrait peut-être un jour me demander ce secret, et qu'à cet homme je n'avais le droit de rien taire. Ah! vous frissonnez à cette seule idée, n'est-ce pas? Rassurez-vous. Cet homme s'est sauvé, enfant encore, du collége où nous le faisions élever en Ecosse,

-et depuis dix ans nul n'en a entendu parler. Enfant voué à l'obscurité, il a été au-devant de son destin; il est perdu maintenant par le vaste monde, sans que personne sache où il est : perdu, pauvre unité sans nom, parmi ces millions d'hommes qui naissent, souffrent et meurent sur la surface du globe! Il aura perdu la lettre de son père, il aura égaré le signe à l'aide duquel je dois le reconnaître; ou mieux encore, peut-être n'existe-t-il plus!

— Vous êtes cruel, Achard, répondit la marquise, de dire une pareille chose à une mère! Vous ne connaissez pas tout ce que le cœur d'une femme renferme en lui de secrets bizarres et de contradictions étranges! Car, enfin, ne puis-je donc être tranquille si mon enfant n'est mort? Voyons, mon vieil ami, ce secret qu'il a ignoré vingt-cinq ans devient-il, à vingt-cinq ans, si nécessaire à son existence qu'il ne puisse vivre si ce secret ne lui est révélé? Croyez-moi, Achard, pour lui-même, mieux vaut qu'il ignore comme il l'a fait jusque aujourd'hui. Jusque aujourd'hui, je suis sûre qu'il a été heureux. Vieillard, ne change pas son existence; ne lui mets pas au cœur des pensées qui peuvent le pousser à une action mauvaise, Non, dis-lui, au lieu de ce que tu as à lui dire, dis-lui que sa mère est allée rejoindre son père au ciel, et plût à Dieu que cela fût! mais qu'en mourant (car je veux le voir, quoique tu en dises; je veux, ne fût-ce qu'une fois, le presser contre mon cœur), qu'en mourant, ai-je dit, sa mère l'a légué à son amie la marquise d'Auray, dans la quelle il retrouvera une seconde mère.

— Je vous comprends, madame, dit Achard en souriant Ce n'est pas la première fois que vous ouvrez cette voie où vous voulez m'égarer. Seulement, aujourd'hui, madame, vous abordez plus franchement la question, et, si vous l'osiez, n'est-ce pas, ou si vous me connaissiez moins, vous m'offririez quelque récompense pour me déterminer à trahir les dernières volontés de celui qui dort si près de nous?

La marquise fit un mouvement pour l'interrompre.

— Ecoutez, madame, reprit le vieillard en étendant la main, et que la chose reste dans votre esprit comme irrévocable et sainte. Aussi fidèle que j'ai été aux promesses faites à madame la comtesse d'Auray, aussi fidèle serai-je à celles faites au comte de Morlaix. Le jour où son fils, où votre fils viendra me présenter le gage de reconnaissance et réclamer son secret, je le lui dirai, madame. Quant aux papiers qui le constatent, vous savez qu'ils ne doivent lui être remis qu'après la mort du marquis d'Auray. Le secret est là. Le vieillard montra son cœur. Nul pouvoir humain n'a pu le forcer d'en sortir avant le temps, nul pouvoir humain ne pourra l'empêcher d'en sortir, le temps venu. Les papiers sont là, dans cette armoire dont la clé ne me quitte jamais, et il n'y a qu'un vol ou un assassinat qui me les puisse enlever.

— Mais, dit la marquise en se soulevant à demi, appuyée sur les bras de son fauteuil, vous pouvez mourir avant mon mari, vieillard; car, s'il est plus malade que vous, vous êtes plus âgé que lui, et alors que deviendront ces papiers?

— Le prêtre qui m'assistera à mes derniers momens les recevra sous le sceau de la confession.

— C'est cela, dit la marquise en se levant; et ainsi la chaîne de mes craintes se prolongera jusqu'à ma mort! et le dernier anneau en sera pour l'éternité scellé à mon cercueil! Il y a dans le monde un homme, un seul peut-être, qui est inébranlable comme un rocher; et il faut que Dieu le place sur ma route, non-seulement comme un remords, mais encore comme une vengeance! Et il faut qu'un orage me pousse sur lui jusqu'à ce que je me brise!... Tu tiens mon secret entre tes mains, vieillard; c'est bien! fais-en ce que tu voudras! tu es le maître, et moi je suis l'esclave! Adieu!

A ces mots, la marquise sortit et reprit le chemin du château.

VIII.

— Oui, dit le vieillard en regardant s'éloigner la marquise; oui, je sais que vous avez un cœur de bronze, madame; insensible à toute espèce de crainte, hormis celle que Dieu vous a mise dans l'âme pour remplacer le remords. Mais celle-là suffit, n'est-ce pas? et c'est acheter bien cher une réputation de vertu que la payer le prix que vous la vend votre éternelle terreur! Il est vrai que celle de la marquise d'Auray est si bien établie que, si la vérité sortait de terre ou descendait du ciel, elle serait traitée de calomnie! Enfin, Dieu veut ce qu'il veut, et ce qu'il fait est écrit longtemps d'avance dans sa sagesse.

— Bien pensé, dit une voix jeune et sonore, répondant à la maxime religieuse que la résignation du vieillard venait de laisser échapper. Sur ma parole, mon père, vous parlez comme l'Ecclésiaste!

Achard se retourna et aperçut Paul, qui était arrivé comme la marquise s'éloignait, si préoccupée de la scène que nous venons de raconter, qu'elle n'avait pas aperçu le jeune capitaine. Celui-ci s'approchait à son tour, voyant le vieillard seul, lorsqu'il entendit les derniers mots auxquels il répondit avec sa bonne humeur habituelle. Achard, étonné de cette apparition inattendue, le regarda comme pour le prier de répéter.

— Je dis, continua Paul, qu'il y a plus de grandeur dans la résignation qui plie que dans la philosophie qui doute. C'est une maxime de nos quakers que, pour mon bonheur éternel, j'aurais voulu avoir moins souvent à la bouche et plus souvent dans le cœur.

— Pardon, monsieur, dit le vieillard en voyant notre aventurier qui le regardait, immobile, un pied posé sur le seuil de sa porte; mais puis-je savoir qui vous êtes?

— Pour le moment, répondit Paul, donnant comme d'habitude l'essor à sa poétique et insoucieuse gaîté, je suis un enfant de la république de Platon, ayant le genre humain pour frère, le monde pour patrie, et ne possédant sur la terre que la place que je m'y suis faite moi-même.

— Et que cherchez-vous? continua le vieillard, souriant malgré lui à cet air de joyeuse humeur répandu sur tout le visage du jeune homme.

— Je cherche, répondit Paul, à trois lieues de Lorient, à cinq cents pas du château d'Auray, une maisonnette qui ressemble diablement à celle-ci, et dans laquelle je dois trouver un vieillard qui pourrait bien être vous.

— Et comment se nomme ce vieillard?

— Louis Achard.

— C'est moi-même.

— Alors que la bénédiction du ciel descende sur vos cheveux blancs! dit Paul d'une voix qui, changeant aussitôt d'accent, prit celui du sentiment et du respect; car voici une lettre que je crois de mon père, et qui dit que vous êtes un honnête homme.

— Cette lettre ne renferme-t-elle rien? s'écria le vieillard les yeux étincelans, et faisant un pas pour se rapprocher du jeune capitaine.

— Si fait, répondit celui-ci l'ouvrant et en tirant un sequin de Venise brisé par le milieu; quelque chose comme la moitié d'une pièce d'or dont j'ai un morceau et dont vous devez avoir l'autre.

Achard tendit machinalement la main en regardant le jeune homme.

— Oui, oui, dit le vieillard, et à chaque parole ses yeux se mouillaient de plus en plus de larmes; oui, c'est bien cela, et plus encore, c'est la ressemblance extraordinaire... Il ouvrit ses bras. Enfant!... ô mon Dieu! mon Dieu!

— Qu'avez-vous? s'écria Paul étendant à son tour les bras pour soutenir le vieillard qui faiblissait sous le poids de son émotion.

— Oh! ne comprenez-vous pas, répondit celui-ci, ne

comprenez-vous pas que vous êtes le portrait vivant de votre père, et que votre père, je l'aimais à lui donner mon sang, ma vie, comme je le ferais maintenant pour toi, si tu me les demandais, jeune homme!

— Alors embrasse-moi, mon vieil ami, dit Paul en prenant le vieillard dans ses bras, car la chaîne des sentimens n'est pas rompue, crois-moi, entre la tombe du père et le berceau du fils. Quel qu'ait été mon père, s'il ne faut, pour lui ressembler, qu'une conscience sans reproche, un courage à toute épreuve et une mémoire qui se souvienne toujours du bienfait, quoiqu'elle oublie parfois l'injure, tu l'as dit, je suis son portrait vivant, et plus encore par l'âme que par le visage.

— Oui, il avait tout cela, votre père, répondit lentement le vieillard en serrant dans ses bras l'enfant qui lui revenait, et en le regardant tendrement à travers ses larmes : oui, il avait la même fierté dans la voix, la même flamme dans les yeux, la même noblesse dans le cœur. Mais pourquoi ne t'ai-je pas revu plus tôt, jeune homme? Il y a eu dans ma vie des heures bien sombres que tu eusses éclairées par ta présence.

— Pourquoi ?... parce que cette lettre me disait de venir te trouver quand j'aurais vingt-cinq ans; et que je les ai eus il n'y a pas longtemps : il y a une heure.

Le vieillard baissa la tête d'un air pensif et garda un instant le silence, abîmé dans le souvenir du passé.

— Déjà, dit-il en relevant enfin la tête, il y a déjà vingt-cinq ans! et il me semble, mon Dieu! que ce fut hier que vous naquîtes dans cette maison, que vous ouvrîtes les yeux dans cette chambre!

Et le vieillard étendait la main vers une porte qui donnait dans un autre appartement.

Paul à son tour parut réfléchir; puis regardant autour de lui pour renforcer par la vue des objets qui s'offraient à ses yeux les souvenirs qui se présentaient en foule à sa mémoire,

— Dans cette chaumière? dans cette chambre? répéta-t-il; et je les ai habitées jusqu'à l'âge de cinq ans, n'est-ce pas?...

— Oui, murmura le vieillard comme tremblant de l'arracher aux sensations qui commençaient à s'emparer de lui.

— Eh bien! continua Paul en appuyant ses deux mains sur ses yeux pour concentrer tous ses souvenirs, laisse-moi un instant regarder à mon tour dans le passé, car je me rappelle une chambre que je croyais avoir vue en rêve. Si c'est celle-là..... Écoute!..... Oh! c'est étrange comme tout me revient.

— Parle, mon enfant, parle! dit le vieillard.

— Si c'est celle-là, il doit y avoir à droite... en entrant, au fond... un lit... avec des tentures vertes?

— Oui.

— Un crucifix au chevet de ce lit?

— Oui.

— Une armoire en face, où il y avait des livres... une grande Bible, entre autres... avec des gravures allemandes?

— La voilà, dit le vieillard montrant le livre saint ouvert sur un prie-Dieu.

— Oh! c'est elle! c'est elle! s'écria Paul en appuyant ses lèvres contre les feuillets.

— Oh! brave cœur! brave cœur! murmura le vieillard. Merci, mon Dieu, merci!

—Puis, dit Paul en se relevant, dans cette chambre, une fenêtre d'où l'on distinguait la mer, et sur la mer, trois îles?

—Oui, celles d'Houat, d'Hoedic et de Belle-Ile-en-Mer..

— C'est donc bien cela! s'écria Paul en s'élançant vers la chambre; puis, voyant que le vieillard voulait l'y suivre : Non, non, lui dit-il en l'arrêtant, seul... laisse-moi y entrer seul. J'ai besoin d'y être seul. Et il entra, refermant la porte derrière lui.

Alors il s'arrêta un instant saisi de ce saint respect qui entoure les souvenirs d'enfance. La chambre était bien telle qu'il l'avait décrite, car la religion dévouée du vieux serviteur l'avait conservée pure de tout changement. Paul, chez qui un regard étranger eût sans doute arrêté la manifestation des sentimens qu'il éprouvait, certain d'être seul, s'y abandonna tout entier : il s'avança lentement et les mains croisées vers le crucifix d'ivoire, et, se laissant tomber à genoux comme il avait l'habitude de le faire soir et matin autrefois, il essaya de se rappeler une de ces naïves prières où l'enfant, sur le seuil de la vie encore, prie Dieu pour ceux qui lui en ont ouvert les portes. Que d'événemens s'étaient succédé entre ces deux agenouillemens, répétés à vingt ans de distance! Quels horizons variés et imprévus avaient succédé à ces horizons que caresse d'un si doux regard le soleil riant de nos jeunes années! Comme le vent capricieux qui soufflait dans les voiles de son vaisseau l'avait, en l'éloignant des passions privées, poussé au milieu des passions politiques! Et voilà que croyant, insoucieux jeune homme, avoir oublié tout ce qui existait sur la terre, il se souvenait de tout! voilà que sa vie, libre et puissante comme l'Océan qui la berçait, allait se rattacher à des liens inconnus jusqu'alors qui la retiendraient peut-être en tel ou tel lieu, comme un vaisseau à l'ancre qui appelle le vent et que le vent appelle, et qui cependant se sent enchaîné, esclave captif de la veille, à qui la liberté passée rend plus amère encore sa servitude à venir! Paul s'abîma longtemps dans ces pensées, puis se releva lentement et alla s'accouder à la fenêtre. La nuit était calme et belle, la lune brillait au ciel et argentait le sommet des vagues. Les trois îles apparaissaient à l'horizon, bleuâtres comme des vapeurs flottant sur l'Océan. Il se rappela combien de fois, dans sa jeunesse, il s'était appuyé à la même place, regardant le même spectacle, suivant des yeux quelque barque à la voile blanche, qui glissait silencieusement sur la mer, comme l'aile d'un oiseau de nuit. Alors son cœur se gonfla de souvenirs doux et tendres; il laissa tomber sa tête sur sa poitrine, et des larmes muettes coulèrent le long de ses joues. En ce moment il sentit qu'on lui prenait la main : c'était le vieillard; il voulut cacher son émotion; mais, se repentant aussitôt de ne pas oser être homme, il se retourna de son côté, et lui montra franchement son visage tout mouillé de larmes.

— Tu pleures, enfant! dit le vieillard.

— Oui, je pleure, répondit Paul, et pourquoi le cacherais-je? oui, regarde-moi. J'ai cependant vu de terribles choses dans ma vie! J'ai vu l'ouragan faire tourbillonner mon vaisseau au sommet des vagues et au fond des abîmes, et j'ai senti qu'il ne pesait pas plus à l'aile de la tempête qu'une feuille sèche à la brise du soir! J'ai vu les hommes tomber autour de moi comme les épis mûrs sous la faucille du moissonneur! J'ai entendu les cris de détresse et de mort de ceux dont la veille j'avais partagé le repas! Pour aller recevoir leur dernier soupir, j'ai marché à travers une grêle de boulets et de balles, sur un plancher où je glissais à chaque pas dans le sang! Eh bien! mon âme est restée calme; mes yeux ne se sont pas mouillés. Mais cette chambre, vois-tu, cette chambre dont j'avais si saintement gardé le souvenir, cette chambre où j'ai reçu les premières caresses d'un père que je ne reverrai plus, et les derniers baisers d'une mère qui ne voudra peut-être plus me revoir; cette chambre, c'est quelque chose de sacré comme un berceau et comme une tombe. Je ne puis la reconnaître sans me laisser aller à mes émotions : il faut que je pleure, ou j'étoufferais!

Le vieillard le serra dans ses bras, Paul posa la tête sur son épaule, et, pendant un instant, on n'entendit que ses sanglots. Enfin le vieux serviteur reprit :

— Oui, tu as raison : cette chambre, c'est à la fois un berceau et une tombe; car c'est là que tu es né; il étendit le bras, et c'est là que tu as reçu les derniers adieux de ton père, continua-t-il en désignant du geste l'angle parallèle de l'appartement.

— Il est donc mort? dit Paul.

— Il est mort.

— Tu me diras comment.

— Je vous dirai tout!

— Dans un instant, ajouta Paul en cherchant de la main une chaise et en s'asseyant. Maintenant, je n'ai pas la force de t'écouter. Laisse-moi me remettre. Il appuya son coude sur la croisée, posa sa tête sur sa main, et jeta de nouveau les yeux sur la mer. La belle chose qu'une nuit de l'Océan lorsque la lune l'éclaire, comme elle le fait à cette heure! continua-t-il avec cet accent doux et mélancolique qui lui était habituel. Cela est calme comme Dieu; cela est grand comme l'éternité. Je ne crois pas qu'un homme qui a souvent étudié ce spectacle craigne de mourir. Mon père est mort avec courage, n'est-ce pas?

— Oh! certes! répondit Achard avec fierté.

— Cela devait être ainsi, continua Paul. Je me le rappelle, mon père, quoique je n'eusse que quatre ans lorsque je le vis pour la dernière fois.

— C'était un beau jeune homme comme vous, dit Achard regardant Paul avec tristesse; et justement de votre âge.

— Comment l'appelait-on?

— Le comte de Morlaix.

— Ainsi, moi aussi, je suis d'une noble et vieille famille! Moi aussi, j'ai mes armoiries et mon blason, comme tous ces jeunes seigneurs insolens qui me demandaient mes parchemins quand je leur montrais mes blessures!

— Attends, jeune homme, attends! ne te laisse pas prendre ainsi à l'orgueil! car je ne t'ai pas dit encore le nom de celle à qui tu dois le jour, et tu ignores le terrible secret de ta naissance!

— Eh bien! soit! Je n'en entendrai pas moins avec respect et recueillement le nom de ma mère. Comment s'appelait ma mère?

— La marquise d'Auray, répondit lentement et comme à regret le vieillard.

— Que dis-tu là? s'écria Paul en se levant d'un seul bond et en lui saisissant les mains.

— La vérité, répondit-il avec tristesse.

— Alors, Emmanuel est mon frère! Alors, Marguerite est ma sœur!

— Les connaissez-vous donc déjà, s'écria à son tour le vieux serviteur étonné.

— Oh! tu avais bien raison, vieillard, dit le jeune marin en retombant sur sa chaise. Dieu veut ce qu'il veut, et ce qu'il fait est écrit longtemps d'avance dans sa sagesse.

Il y eut un moment de silence, et enfin Paul, relevant la tête, fixa des yeux résolus sur le vieillard,

— Et maintenant, lui dit-il, je suis prêt à tout entendre. Tu peux parler.

IX.

Le vieillard se recueillit un instant, puis il commença.

— Ils étaient fiancés l'un à l'autre. Je ne sais quelle haine mortelle divisa tout à coup leurs familles et les sépara. Le comte de Morlaix, le cœur brisé, ne put rester en France. Il partit pour Saint-Domingue, où son père possédait une habitation. Je l'accompagnai, car le marquis de Morlaix avait toute confiance en moi : j'étais le fils de celle qui l'avait nourri; j'avais reçu la même éducation que lui; il m'appelait son frère, et moi seul me souvenais de la distance que la nature avait mise entre nous. Le marquis se reposa sur moi du soin de veiller sur son fils, car je l'aimais de tout l'amour d'un père. Nous restâmes deux ans sous le ciel des tropiques. Pendant deux ans, votre père, perdu dans les solitudes de cette île magnifique, voyageur sans projet et sans but, chasseur à la course ardente et infatigable, essaya de guérir les douleurs de l'âme par les fatigues du corps. Mais, loin de réussir, on eût dit que son cœur s'allumait encore à ce soleil ardent. Enfin, après deux ans de combats et de lutte, son amour insensé l'emporta : il fallait qu'il la revît ou qu'il mourût. Je cédai; nous partîmes. Jamais traversée ne fut plus belle et plus heureuse : la mer et le ciel nous souriaient : c'était à croire aux présages heureux. Six semaines après notre départ du Port-au-Prince, nous débarquions au Havre.

Mademoiselle de Sablé était mariée; le marquis d'Auray était à Versailles, remplissant près du roi Louis XV les devoirs de sa charge, et sa femme, trop souffrante pour le suivre, était restée dans ce vieux château d'Auray dont vous voyez d'ici les tourelles.

— Oui, oui, murmura Paul, je le connais; c'est bien : continuez.

— Quant à moi, reprit le vieillard, pendant notre voyage, un de mes oncles, ancien serviteur de la maison d'Auray, était mort et m'avait laissé cette petite maison et les terres qui en font partie. J'en pris possession. Quant à votre père, il m'avait quitté à Vannes en me disant qu'il partait pour Paris, et, depuis un an que j'habitais cette maison, je ne l'avais pas revu.

Une nuit (il y a aujourd'hui vingt-cinq ans de cette nuit) on frappa à ma porte; j'allai ouvrir : votre père parut, portant dans ses bras une femme dont le visage était voilé; il entra dans cette chambre et la déposa sur ce lit; puis, revenant dans l'autre pièce où je l'attendais muet et immobile d'étonnement : Louis, me dit-il en me mettant la main sur l'épaule et en me regardant en homme qui implore, quoiqu'il sache qu'il a le droit de commander; Louis, tu peux faire plus que me sauver la vie et l'honneur, tu peux sauver la vie et l'honneur à celle que j'aime; monte à cheval, cours à la ville, et dans une heure sois ici avec un médecin. Il me parlait avec cette voix brève et puissante qui indique qu'il n'y a pas un instant à perdre : j'obéis. Le jour commençait à paraître lorsque nous revînmes. Le docteur fut introduit par le comte de Morlaix dans cette chambre, dont la porte se referma sur eux; ils y restèrent toute la journée; vers les cinq heures du soir, le médecin partit, et, la nuit venue, votre père sortit de la chambre à son tour, emportant de nouveau entre ses bras, et toujours voilée, cette femme mystérieuse qu'il avait apportée la veille. Je rentrai derrière eux dans la chambre, et je vous y trouvai : vous veniez de naître.

— Et comment sûtes-vous que cette femme était la marquise d'Auray? interrompit Paul, comme s'il cherchait à douter encore.

— Oh! répondit le vieillard, d'une manière aussi terrible qu'inattendue : j'avais offert au comte de Morlaix de vous garder avec moi; il avait accepté cette offre, et de temps en temps il venait passer une heure auprès de vous.

— Seul? demanda Paul avec anxiété.

— Toujours, répondit Achard. Seulement j'avais la permission de me promener avec vous dans le parc; alors il arrivait parfois que la marquise apparaissait au détour de quelque allée, comme si le hasard l'y eût conduite; elle vous faisait signe d'aller à elle, et elle vous embrassait comme un enfant étranger que l'on a plaisir à voir parce qu'il est beau. Quatre ans se passèrent ainsi; puis, une nuit, on frappa de nouveau à cette porte : c'était encore votre père. Il était plus calme, mais plus sombre peut-être que la première fois. « Louis, me dit-il, je me bats demain au point du jour avec le marquis d'Auray; c'est un duel à mort et qui n'aura de témoin que toi seul; la chose est convenue. Donne-moi donc l'hospitalité pour cette nuit et tout ce qu'il me faut pour écrire. » Il s'assit devant cette table, sur cette chaise où vous êtes. Paul se leva et continua de s'appuyer sur la chaise sans s'y asseoir davantage, et veilla toute la nuit. Au point du jour, il entra dans ma chambre et me trouva debout. Je ne m'étais point couché. Quant à vous, pauvre enfant insoucieux encore des passions et des misères humaines, vous dormiez dans votre berceau.

— Après, après?

— Votre père se baissa lentement vers vous, s'appuyant contre le mur et vous regardant tristement : « Louis, me dit-il d'une voix sourde, si je suis tué, comme il pourrait arriver malheur à cet enfant, tu le remettras avec cette lettre à Fild, mon valet de chambre, qui est chargé de le conduire à Selkirk, en Ecosse, et de l'y laisser entre des mains sûres. A vingt-cinq ans, il t'apportera l'autre moitié de cette pièce d'or, et te demandera le secret de sa naissance; tu le lui diras, car peut-être alors sa mère sera-t-elle seule et isolée. Quant à ces papiers, qui la constatent, tu ne les lui remettras qu'après la mort du marquis. Maintenant, tout est convenu; partons, me dit-il, car il est l'heure. » Alors il s'appuya sur votre berceau, se pencha vers vous, et, quoique ce fût un homme, je vous le dis, je vis une larme tomber sur votre joue.

— Continuez, murmura Paul d'une voix étouffée.

— Le rendez-vous était dans une allée même du parc, à cent pas d'ici. En arrivant, nous trouvâmes le marquis; il nous attendait depuis quelques minutes. Auprès de lui, sur un banc, étaient des pistolets tout chargés : les adversaires se saluèrent sans échanger une parole. Le marquis montra du doigt les armes; chacun s'empara de la sienne, et tous deux, car les conditions avaient été réglées d'avance, ainsi que me l'avait dit votre père, allèrent se placer, muets et sombres, à trente pas de distance, et commencèrent à marcher l'un contre l'autre. Oh! ce fut un moment terrible pour moi, je vous le jure, continua le vieillard aussi ému que s'il revoyait cette scène, que celui où je vis la distance diminuer graduellement entre ces deux hommes. Lorsqu'il n'y eut plus que dix pas d'intervalle, le marquis s'arrêta et fit feu... Je regardais votre père. Pas un muscle de son visage ne bougea, de sorte que je crus qu'il était sain et sauf; il continua de marcher jusqu'au marquis, et, lui appuyant le canon du pistolet sur le cœur...

—Il ne le tua pas, j'espère! s'écria Paul en saisissant le bras du vieillard.

— Il lui dit : « Vos jours sont à moi, monsieur, et je pourrais les prendre; mais je veux que vous viviez pour me pardonner comme je vous pardonne. » A ces mots, il tomba mort : la balle du marquis lui avait traversé la poitrine.

— Oh! mon père! mon père! s'écria le jeune marin en se tordant les bras. Et il vit, cet homme qui a tué mon père! il vit, n'est-ce pas? il est encore jeune; il a encore la force de lever une épée ou un pistolet. Nous l'irons trouver... aujourd'hui, tout à l'heure. Tu lui diras : «C'est son fils, il faut que vous vous battiez avec lui. » Oh! cet homme... cet homme... Malheur à cet homme!

— Dieu s'est chargé de la vengeance, répondit Achard : cet homme est fou.

— C'est vrai, murmura Paul; je l'avais oublié.

— Et dans sa folie, continua Achard, il voit éternellement cette scène sanglante, et répète dix fois par jour ces paroles suprêmes qui lui furent adressées par votre père.

— Ah! voilà donc pourquoi la marquise ne le quitte pas d'une minute.

— Et voilà pourquoi, sous prétexte qu'il ne veut pas voir ses enfans, elle a éloigné de lui Emmanuel et Marguerite.

— Pauvre sœur! dit Paul avec un accent de tendresse infinie. Et maintenant elle veut la sacrifier en la mariant malgré elle à ce misérable Lectoure!

— Oui, mais ce misérable Lectoure, reprit Achard, emmène Marguerite à Paris, donne un régiment de dragons à son frère : la marquise ne craint plus la présence de ses enfans, son secret reste désormais entre elle et deux vieillards qui, demain, cette nuit, peuvent mourir... La tombe est muette.

— Mais, moi, moi!

— Vous! sait-on si vous existez même! avez-vous donné de vos nouvelles depuis quinze ans que vous vous êtes échappé de Selkirk! ne pouvez-vous pas, vous aussi, avoir rencontré sur votre chemin quelque accident qui vous empêche de vous trouver au rendez-vous où vous êtes heureusement venu? Certes, elle ne vous a pas oublié... mais elle espère...

— Oh! crois-tu que ma mère?...

— Pardon! c'est vrai, répondit Achard, je ne crois rien; j'ai tort; oubliez ce que j'ai dit.

— Oui, oui, parlons de toi, mon ami; parlons de mon père.

— Ai-je besoin d'ajouter que ses dernières volontés furent exécutées? Fild vint vous chercher dans la journée. Vous partîtes. Vingt et un ans se sont passés depuis cette époque, et, depuis cette époque, pas un jour ne s'est écoulé sans que j'aie fait des vœux pour vous revoir au jour dit. Ces vœux sont accomplis, continua le vieillard. Dieu merci! vous voilà, votre père revit en vous... Je le revois, je lui parle... je ne pleure plus, je suis consolé!...

— Et il était mort?... mort sans souffle, sans vie, sans espoir? mort sur le coup?

— Oui, mort!... Je l'apportai ici... Je le déposai sur ce lit où vous étiez né. Je fermai la porte pour que personne n'entrât, et je m'en allai creuser sa tombe. Je passai toute la journée à ce pénible devoir; car, d'après le vœu même de votre père, personne ne devait être mis dans cette terrible confidence. Le soir, je revins chercher le cadavre. C'est une étrange chose que le cœur de l'homme, et combien l'espérance que Dieu y met est difficile à l'abandonner. Je l'avais vu tomber... j'avais senti ses mains se refroidir... j'avais baisé son visage glacé... je l'avais quitté pour aller creuser sa tombe, et, cette tombe creusée, ce devoir de mort accompli, je revenais le cœur bondissant, car il me semblait qu'en mon absence, quoiqu'il fallût pour cela un miracle de Dieu, la vie était revenue, et qu'il allait se soulever sur son lit et me parler. Je rentrai... Hélas! hélas! les temps évangéliques étaient passés..... Lazare resta étendu sur sa couche... mort! mort! mort!

Et le vieillard resta un instant abattu, sans parole, sans voix; seulement des larmes coulaient silencieusement sur son visage ridé.

— Oui, oui, s'écria Paul éclatant en sanglots de son côté; oui, n'est-ce pas, et tu accomplis ta sainte mission! Noble cœur! laisse-moi baiser ces mains qui ont rendu le corps de mon père à la demeure éternelle. Et tu es demeuré fidèle à la tombe comme tu l'as été à la vie. Pauvre gardien du sépulcre! tu es resté près de lui pour que quelques larmes arrosassent l'herbe qui poussait sur la fosse ignorée. Oh! que ceux qui se croient grands, parce que leur nom retentit dans la tempête et dans la guerre plus haut que l'ouragan et la bataille, sont petits près de toi, vieillard au dévoûment silencieux!... Oh! bénis-moi, bénis-moi! s'écria Paul en tombant à genoux, puisque mon père n'est plus là pour me bénir.

— Dans mes bras, mon enfant, dans mes bras! dit le vieillard; car tu t'exagères cette action si simple et si naturelle. Puis, crois-moi, ce que tu appelles ma piété n'a pas été sans enseignemens pour moi; j'ai vu combien l'homme tenait peu de place sur la terre, et combien il était vite perdu dans le monde lorsque le Seigneur détournait les yeux de lui. Ton père était jeune, plein d'avenir, de courage; ton père était le dernier descendant d'une vieille lignée, il portait un noble nom, on eût cru voir d'avance son chemin tout tracé vers les honneurs de la terre... il avait une famille, des amis..... Eh bien! ton père disparut tout à coup, comme si la terre avait manqué sous ses pieds. Je ne sais si quelque regard en larmes chercha sa trace jusqu'à ce qu'il la perdît; mais ce que je sais, c'est que depuis vingt et un ans nul n'est venu sur cette tombe; nul ne sait qu'il est couché à l'endroit où l'herbe est plus verte et plus touffue. Et cependant, orgueilleux et insensé qu'il est, l'homme se croit quelque chose!

— Oh! ma mère n'y est jamais venue?

Le vieillard ne répondit pas.

— Eh bien! continua Paul, nous serons deux maintenant qui connaîtrons cette place. Viens me la montrer; car j'y retournerai, je te jure, toutes les fois que mon vaisseau touchera les côtes de France.

A ces mots, il entraîna Achard dans la première chambre; mais, comme ils ouvraient la porte, ils entendirent un léger bruit du côté du parc : c'était un domestique du château qui venait avec Marguerite. Paul rentra précipitamment.

— C'est ma sœur, dit-il à Achard... c'est ma sœur. Laisse-moi seul un instant avec elle, j'ai besoin de parler à cette enfant... J'ai un mot à lui dire qui lui fera passer une nuit heureuse. Prenons pitié de ceux qui veillent et pleurent.

— Songez, dit Achard, que le secret que je viens de vous révéler est aussi celui de votre mère.

— Sois tranquille, mon vieil ami, dit-il en poussant Achard dans la seconde chambre. Sois tranquille, je ne lui parlerai que du sien.

En ce moment Marguerite entra.

X.

Marguerite venait, selon son habitude, apporter quelques provisions au vieillard, et ce ne fut pas sans étonnement qu'elle vit dans la première pièce, où depuis dix ans elle ne trouvait jamais qu'Achard, un beau jeune homme qui la regardait d'un œil doux et avec un sourire bienveillant. Elle fit signe au domestique de déposer le panier dans un coin de la chambre; il obéit, puis il alla attendre sa maîtresse en dehors de la porte. Quant à elle, s'avançant vers Paul : « Pardon, monsieur, lui dit-elle; mais je croyais trouver ici mon vieil ami, Louis Achard... et je venais lui apporter de la part de ma mère... »

Paul étendit la main vers la seconde chambre, pour indiquer que là était celui qu'elle cherchait, car il ne put lui répondre, tant il sentait que l'accent de sa voix trahirait son émotion. La jeune fille remercia par une inclination de tête presque imperceptible, et entra.

Paul la suivit des yeux, la main appuyée sur son cœur. Cette âme vierge où l'amour n'était jamais entré s'ouvrait, dans sa sainte virginité, aux premières émotions de famille. Isolé comme il l'avait toujours été, n'ayant pour amis que ces rudes enfans de l'Océan, tout ce qu'il avait de doux et de tendre en son cœur, il l'avait tourné vers Dieu, et quoiqu'aux regards d'un chrétien rigoriste sa religion n'eût peut-être pas paru parfaitement orthodoxe, il n'en était pas moins vrai que cette poésie qui débordait dans toutes ses paroles n'était autre chose qu'une immense et éternelle prière. Il n'était donc pas étonnant que les premières sensations qui entraient dans son cœur, bien que toutes fraternelles, fussent désordonnées et bondissantes comme des émotions d'amour.

— Oh! murmura-t-il, lorsque la jeune fille eut disparu, pauvre isolé que je suis, comment ferai-je, lorsque tu vas sortir, pour ne pas te prendre et te serrer dans mes bras, pour ne pas te dire : Marguerite, ma sœur, nulle femme ne m'a jamais aimé d'aucun amour; aime-moi d'amour fraternel! Oh! ma mère! ma mère! En me privant de vos caresses, vous m'avez privé aussi de celles de cet ange. Dieu vous rende dans l'éternité le bonheur que vous avez éloigné de vous... et des autres.

— Adieu! dit, en rouvrant la porte, Marguerite au vieillard; adieu; j'ai voulu venir ce soir même, car je ne sais plus maintenant quand je pourrai vous revoir.

Et elle s'achemina vers la porte, pensive et la tête baissée, sans voir Paul, sans se souvenir qu'il y avait là un jeune homme lorsqu'elle était entrée. Le jeune marin la suivait des yeux, les bras tendus vers elle comme pour l'arrêter, la poitrine oppressée et les yeux humides. Enfin, lorsqu'il lui vit poser la main sur la clef de la porte :

— Marguerite! s'écria-t-il.

La jeune fille se retourna étonnée; mais ne comprenant rien à cette familiarité étrange de la part d'un homme qui lui était complétement inconnu, elle entr'ouvrit la porte pour sortir.

— Marguerite! répéta Paul en faisant un pas vers sa sœur; Marguerite, n'entendez-vous pas que je vous appelle?...

— Il est vrai que Marguerite est mon nom, monsieur, répondit avec dignité la jeune fille, mais je ne pouvais penser que ce mot fût adressé seul par une personne que je n'ai pas l'honneur de connaître.

— Mais je vous connais, moi! s'écria Paul en allant à elle, en fermant la porte et en la ramenant dans la chambre. Je sais que vous êtes malheureuse, que vous n'avez pas une âme où verser votre peine, pas un bras à qui demander un appui.

— Vous oubliez celui qui est là-haut, répondit Marguerite en levant d'un même mouvement la tête et la main vers le ciel.

— Non, non, Marguerite, je n'oublie pas, car je suis envoyé par lui pour vous offrir ce qui vous manque; pour vous dire, quand toutes les bouches et tous les cœurs se ferment autour de vous : Je suis votre ami, moi, votre ami dévoué, éternel!

— Oh! monsieur, répondit Marguerite, ce sont des mots bien solennels et bien sacrés que ceux que vous murmurez là! des mots auxquels, malheureusement, il est difficile que je croie sans preuve.

— Et si je vous en donnais une, dit Paul.

— Impossible! murmura Marguerite.

— Irrécusable! continua Paul.

— Oh! alors!.. dit Marguerite avec un accent indéfinissable dans lequel le doute commençait de faire place à l'espoir.

— Eh bien! alors...

— Oh! alors! mais non, non!

— Connaissez-vous cette bague? dit Paul, lui montrant l'anneau qui ouvrait le bracelet.

— Clémence de Dieu! s'écria Marguerite, ayez pitié de moi! il est mort!

— Il est vivant!

— Mais il ne m'aime donc plus?

— Il vous aime!

— S'il est vivant, s'il m'aime, oh! c'est à en devenir folle!... Qu'est-ce que je disais donc? S'il est vivant, s'il m'aime, comment cette bague se trouve-t-elle entre vos mains?

— Il me l'a confiée comme un gage de reconnaissance.

— Ai-je confié ce bracelet à personne, moi? dit Marguerite relevant la manche de sa robe, voyez!

— Oui, mais vous, Marguerite, vous n'êtes pas proscrite, déshonorée aux yeux du monde, jetée au milieu d'une race perdue!

— Qu'importe! n'est-il pas innocent? n'est-il pas aimé?

— Puis il a pensé, continua Paul voulant voir jusqu'où allaient le dévoûment et l'amour de sa sœur, il a pensé qu'il était de sa délicatesse, séparé à jamais de la société comme il l'est, de vous offrir, sinon de vous rendre, la liberté de disposer de votre main...

— Lorsqu'une femme a fait pour un homme ce que j'ai fait pour lui, répondit avec fermeté Marguerite, elle n'a, croyez-moi, d'excuse qu'en l'aimant éternellement, et c'est ce que je ferai.

— Oh! vous êtes un ange! s'écria Paul.

— Dites-moi? reprit Marguerite, saisissant à son tour les mains du jeune homme, et le regardant d'un air suppliant.

— Quoi?

— Vous l'avez donc vu?

— Je suis son ami, son frère...

— Oh! parlez-moi de lui, alors! s'écria-t-elle, s'abandonnant toute entière à son amour et oubliant qu'elle voyait pour la première fois celui à qui elle adressait de pareilles questions. Que fait-il, qu'espère-t-il? le malheureux!

— Il vous aime, il espère vous revoir.

— Alors, alors, murmura Marguerite s'éloignant de Paul, il vous a donc dit?

— Tout.

— Oh! s'écria-t-elle en baissant son front sur lequel une rougeur subite passa, remplaçant, comme le vif reflet d'une flamme, la pâleur habituelle qui y était empreinte.

Paul s'approcha d'elle et la serra contre son cœur.

— Vous êtes une sainte fille, lui dit-il.

— Vous ne me méprisez donc pas, monsieur! murmura Marguerite, se hasardant à lever les yeux.

— Marguerite, dit Paul, si j'avais une sœur, je prierais Dieu qu'elle vous ressemblât.

— Oh! vous auriez une sœur bien malheureuse! répondit la jeune fille en s'appuyant sur son bras et fondant en larmes.

— Peut-être, répondit Paul en souriant.

— Vous ne savez donc pas?...

— Dites.

— Que monsieur de Lectoure doit arriver demain matin?

— Je le sais.

— Et que demain on signe le contrat?

— Je le sais.

— Eh bien! que voulez-vous donc que j'espère dans une pareille extrémité? A qui voulez-vous que je m'adresse? Qui voulez-vous que j'implore?... Mon frère? Dieu sait que je lui pardonne, mais il ne peut me comprendre. Ma mère?... Oh! monsieur, vous ne connaissez pas ma mère! C'est une femme d'une réputation intacte, d'une vertu sévère, d'une volonté inflexible; car n'ayant jamais failli, elle ne croit pas que l'on puisse faillir; et lorsqu'elle a dit : « Je veux! » il n'y a plus qu'à courber la tête, à pleurer et à obéir. Mon père!... Oui.... il faudra, je le sais, que mon père sorte de la chambre où il est enfermé depuis vingt ans pour signer le contrat. Mon père!... Pour toute autre moins malheureuse et moins condamnée que moi, ce serait une ressource. Mais vous ignorez qu'il est insensé, qu'il a perdu la raison, et avec elle tout sentiment d'amour paternel. Et puis, il y a dix ans que je ne l'ai vu, mon père; il y a dix que je n'ai pressé ses mains tremblantes, que je n'ai baisé ses cheveux blancs! Il ne sait plus s'il a une fille; il ne sait plus s'il a un cœur; il ne me reconnaîtra même pas! et, me reconnût-il, eût-il pitié de moi, ma mère lui mettra une plume entre les mains et lui dira : « Signez! je le veux, » et il signera, le pauvre et faible vieillard! et sa fille sera condamnée!

— Oui, oui, je sais tout cela aussi bien que vous, mon enfant, dit Paul, mais rassurez-vous : ce contrat ne sera point signé.

— Qui l'empêchera?

— Moi!

— Vous?

— Soyez tranquille, je serai demain à l'assemblée de famille.

— Qui vous y introduira?

— J'ai un moyen.

— Mon frère est violent, emporté! Oh! mon Dieu! mon Dieu!... prenez garde de me perdre encore davantage en voulant me sauver!

— Votre frère m'est aussi sacré que vous-même, Marguerite. Ne craignez rien, et reposez-vous sur moi.

— Oh! je vous crois, monsieur, et je me repose sur vous, dit Marguerite, comme accablée par sa longue incrédulité; car, que vous reviendrait-il de me tromper? quel intérêt auriez-vous à me trahir?

— Aucun, vous avez raison; mais passons à autre chose. Que comptez-vous faire avec le baron de Lectoure?

— Lui tout dire.

— Oh! dit Paul en s'inclinant, laissez-moi vous adorer.

— Monsieur! murmura Marguerite.

— Comme une sœur! comme une sœur!

— Oui, vous êtes bon, s'écria Marguerite; je crois que c'est Dieu qui vous envoie.

— Croyez, répondit Paul.

— Donc, demain soir.

— Ne vous étonnez, ne vous effrayez de rien. Seulement, tâchez de me faire comprendre par une lettre, par un mot, par un signe, le résultat de votre entretien avec Lectoure.

— Je tâcherai.

— Et maintenant il est tard, le domestique pourrait s'étonner de la longueur de notre entretien; rentrez au château, et ne parlez de moi à personne. Adieu.

— Adieu! dit Marguerite, vous à qui je ne sais quel nom donner.

— Nommez-moi votre frère.

— Adieu, mon frère!

— Oh! ma sœur! ma sœur! s'écria Paul en la serrant convulsivement entre ses bras, tu es la première qui m'ait fait entendre une aussi douce parole, Dieu t'en récompensera.

La jeune fille, étonnée, se recula; puis, revenant à Paul, elle lui tendit la main. Paul la serra une dernière fois, et Marguerite sortit. Alors, le jeune marin revint à la porte de communication et l'ouvrit.

— Et maintenant, vieillard, dit-il, conduis-moi à la tombe de mon père.

XI.

Le lendemain du jour où Paul avait appris le secret de sa naissance, les habitans du château d'Auray se réveillèrent préoccupés plus que jamais des craintes et des espérances que leurs intérêts divers faisaient naître, car ce jour devait être pour tous un jour décisif. La marquise, que nos lecteurs connaissent maintenant pour une femme non point perverse et méchante, mais hautaine et inflexible, y voyait le terme de ses angoisses renouvelées chaque jour, car c'était surtout aux yeux de ses enfans qu'elle voulait conserver cette réputation sans tache dont l'usurpation lui coûtait si cher. Pour elle, Lectoure était non seulement un gendre convenable et portant un nom digne du sien, mais encore un homme ou plutôt un bon génie, qui, du même coup, éloignait d'elle sa fille, qu'il emmenait comme épouse, et son fils, à qui le ministre, grâce à cette alliance, avait promis de donner un régiment. Une fois ces deux enfans partis, vienne le premier né, et le secret révélé n'avait pas d'écho. D'ailleurs, il y avait mille moyens de lui fermer la bouche. La fortune de la marquise était immense, et l'or était une de ces ressources qu'elle croyait en pareil cas d'un effet infaillible. Elle était donc ardente à cette union de toute la force de sa crainte : de sorte que, non-seulement elle secondait l'empressement de Lectoure, mais encore elle excitait celui d'Emmanuel. Pour celui-ci, las de vivre inconnu à Paris ou enterré en Bretagne, perdu au milieu de cette jeunesse élégante qui formait la maison du roi, ou relégué dans l'antique château de ses aïeux, en compagnie des vieux portraits de sa famille, il frappait avec empressement à cette porte dorée que promettait de lui ouvrir, à Versailles, son futur beau-frère.

Les chagrins et les larmes de sa sœur l'avaient bien affligé un instant, car il était ambitieux plus encore par crainte de l'ennui qui l'attendait dans son manoir, et par désir de parader à la tête d'un régiment, et de séduire l'esprit des femmes par la richesse et le bon goût de son uniforme, que par orgueil et sécheresse de cœur; mais incapable lui-même d'une passion sérieuse, malgré les suites fatales que l'amour de sa sœur avaient eues, il regardait cet amour comme un attachement d'enfance que le tumulte et les plaisirs du monde effaceraient bientôt de sa mémoire, et il croyait être certain qu'un an ne se passerait pas sans qu'elle le remerciât la première d'avoir fait violence à ces sentimens. Quant à Marguerite, pauvre victime condamnée si irrévocablement à être immolée aux craintes de l'une et à l'ambition de l'autre, la scène de la veille avait laissé dans son esprit un souvenir profond; elle ne pouvait se rendre compte du sentiment étrange qu'avait fait naître en elle ce beau jeune homme qui lui avait transmis les paroles de Lusignan, qui l'avait rassurée sur le sort du pauvre proscrit, et qui avait fini par la presser sur sa poitrine en l'appelant sa sœur. Une espérance vague et instinctive lui murmurait au cœur que cet homme, ainsi qu'il le lui avait dit, avait reçu de Dieu mission de la protéger; mais, comme elle ignorait quel lien l'attachait à elle, quel secret le faisait maître de la volonté de sa mère, quelle influence enfin il pouvait exercer sur son avenir, elle n'osait s'arrêter à des idées de bonheur, habituée qu'elle était, depuis six mois, à regarder la mort comme l'unique terme possible à ses malheurs. Le marquis seul, au milieu des diverses émotions qui palpitaient autour de lui, était resté dans son impassible et inerte indifférence, car pour lui le monde avait cessé de marcher depuis le jour terrible où sa raison s'était perdue; constamment absorbé dans un seul souvenir, celui de ce duel mortel et sans témoin, murmurant pour toutes paroles celles qu'avaient prononcées, en lui faisant grâce, le comte de Morlaix, c'était un vieillard faible comme un enfant, à qui sa femme commandait d'un geste, et qui recevait de sa volonté froide et continue toutes les impulsions auxquelles obéissait, depuis vingt ans, l'instinct végétatif qui survivait en lui au libre arbitre et à la raison. Ce jour-là, cependant, une espèce de révolution avait été opérée dans ses habitudes. Un valet de chambre était entré dans son appartement, et avait remplacé la marquise dans les soins de sa toilette; on lui avait fait endosser son uniforme de mestre de camp, on l'avait revêtu des différens ordres dont il était décoré; puis la marquise, lui mettant une plume à la main, lui avait ordonné de signer son nom comme par essai, et il avait obéi, passif et insouciant, sans se douter qu'il étudiait un rôle de bourreau.

Vers les trois heures du soir, une chaise de poste, dont le roulement avait retenti bien différemment dans le cœur de trois personnes qui l'attendaient, était entrée dans la cour du château. Emmanuel s'était empressé de courir au perron pour recevoir son futur beau-frère, car c'était lui qui arrivait. Lectoure descendit légèrement de sa voiture. Il s'était arrêté à la dernière poste pour faire sa toilette de présentation, de sorte qu'il arrivait dans toute l'élégance des dernières modes de la cour. Emmanuel sourit de cette précaution, car il était évident que Lectoure n'avait voulu perdre aucun des avantages de sa personne en se présentant dans un costume de voyage. Son habitude des femmes lui avait appris que presque toujours elles jugent au premier coup d'œil, et que rien n'efface l'impression bonne ou mauvaise qu'il a transmise à leur esprit ou à leur cœur. Au reste, justice sous ce rapport doit être rendue au baron : son aspect plein de grâce et d'élégance eût été dangereux pour toute femme dont le cœur n'eût point été prévenu pour un autre.

— Permettez, mon cher baron, dit Emmanuel en s'avançant vers lui, qu'en l'absence momentanée de ces dames, je vous fasse les honneurs du manoir de mes ancêtres. Voyez, continua-t-il en s'arrêtant au haut du perron, et en montrant du doigt les tourelles et les bastions, cela date de Philippe-Auguste comme architecture, et de Henri IV comme décoration.

— C'est, sur mon honneur, répondit le baron avec l'accent affecté qu'avaient adopté les jeunes gens de cette époque, une charmante forteresse, et qui répand à trois lieues à la ronde une odeur de baronnie à parfumer un fournisseur. Si jamais, continua-t-il en entrant dans le vestibule, et de là dans une galerie ornée de chaque côté ees portraits de la famille, il me prenait fantaisie d'entrer dn rébellion contre Sa Majesté Très Chrétienne, je vous prierais de me prêter ce bijou; et, ajouta-t-il en levant les yeux vers cette longue file d'ancêtres qui se déroulait devant lui, et la garnison avec.

— Trente-trois quartiers! je ne dirai pas en chair et en os, répondit Emmanuel, car il y a longtemps que tout cela n'est plus que poussière, mais en peinture, comme vous voyez. Cela commence à un chevalier Hugues d'Auray, qui accompagna le roi Louis VII à la croisade; cela passe par ma tante Déborah, que vous voyez en costume de Judith, et cela vient définitivement aboutir, sans interruption dans la branche masculine, au dernier membre de cette illustre famille, votre très humble et très obéissant serviteur, Emmanuel d'Auray.

— C'est tout à fait respectable, et l'on ne peut pas plus authentique.

— Oui; mais comme je ne me sens pas assez patriarche, reprit Emmanuel en passant devant le baron afin de lui montrer le chemin de sa chambre, pour perdre ma vie dans cette formidable société, j'espère, baron, que vous avez pensé à m'en tirer?

— Sans doute, mon cher comte, répondit Lectoure en le suivant, je voulais même vous apporter votre commission, comme mon cadeau de noces. Je savais une lieutenance vacante aux dragons de la reine, et j'allais hier chez monsieur de Maurepas la solliciter pour vous, lorsque j'appris que la chose était accordée à la requête de je ne sais quel amiral mystérieux, une espèce de corsaire, de pirate, d'être fantastique, que la reine a mis à la mode en lui donnant sa main à baiser, et que le roi a pris en affection parce qu'il a battu les Anglais, je ne sais où... De sorte que, pour cet exploit, Sa Majesté l'a décoré de l'ordre du Mérite militaire, et lui a donné une épée avec une garde en or, comme il aurait pu faire à quelqu'un de noblesse. Bref, c'est partie perdue de ce côté; mais, soyez tranquille, nous nous tournerons d'un autre.

— Très bien, répondit Emmanuel. Peu m'importe l'arme; ce que je veux, c'est un grade qui aille à mon nom, une position qui cadre avec notre fortune.

— Parfaitement; vous les aurez.

— Et comment, dit Emmanuel changeant la conversation, comment vous êtes-vous tiré des mille engagemens que vous deviez avoir?

— Mais, dit le baron avec un accent de laisser-aller qui n'appartenait qu'à cette classe privilégiée, et en s'étendant sur une chaise longue, car il était enfin arrivé à l'appartement qui lui était destiné; mais, en racontant franchement la chose: j'ai annoncé, au jeu de la reine, que je me mariais.

— Ah! bon Dieu! mais c'est de l'héroïsme! surtout si vous avez avoué que vous preniez une femme au fond de la Basse-Bretagne.

— Je l'ai avoué.

— Et alors, dit Emmanuel en souriant, la compassion a fait place à la colère?

— Dame! vous comprenez, mon cher comte, dit Lectoure passant une jambe sur l'autre, et la balançant d'un mouvement régulier comme celui d'un pendule, nos femmes de la cour croient que le soleil se lève à Paris et se couche à Versailles. Tout le reste de la France, c'est pour elles de la Laponie, du Groënland, de la Nouvelle-Zemble! De sorte qu'on s'attend, vous l'avez dit, mon cher comte, à me voir ramener, de mon voyage au pôle, quelque chose d'inconnu, avec des mains terribles et des pieds formidables! Heureusement que l'on se trompe, ajouta-t-il avec un accent moitié craintif, moitié interrogateur, n'est-ce pas, Emmanuel? et vous m'avez dit, au contraire, que votre sœur...

— Vous la verrez, répondit Emmanuel.

— Ce sera un grand désappointement pour cette pauvre madame de Chaulne. Enfin... il faudra bien qu'elle s'en console...

— Qu'est-ce?

Cette interrogation était motivée par la présence du valet de chambre d'Emmanuel, qui venait d'ouvrir la porte, et se tenait debout sur le seuil, attendant, en domestique de bonne maison, que son maître lui adressât la parole.

— Qu'est-ce? répéta Emmanuel.

— Mademoiselle Marguerite d'Auray fait demander à monsieur le baron de Lectoure l'honneur d'un entretien particulier.

— A moi? dit Lectoure en se soulevant; mais avec le plus grand plaisir!

— Mais, non! c'est une erreur! s'écria Emmanuel. Vous vous trompez, Célestin!

— J'ai l'honneur d'assurer à monsieur le comte, répondit le valet de chambre en insistant, que je m'acquitte exactement et fidèlement de l'ordre qui m'a été donné.

— Impossible! dit Emmanuel inquiet au plus haut degré de la démarche hasardée de sa sœur. Baron, si vous m'en croyez, envoyez promener cette petite folle.

— Pas du tout! pas du tout! répondit Lectoure en se levant. Qu'est-ce donc qu'une Barbe-Bleue de frère comme celui-là? Célestin!... N'est-ce pas Célestin que vous appelez ce garçon? — Emmanuel fit avec impatience un geste affirmatif.—Eh bien! Célestin, dites à ma belle fiancée que je suis à ses pieds, à ses genoux, et que je demande ses ordres pour l'attendre ou l'aller trouver. Tenez, voilà pour vos frais d'ambassade.—Il lui donna une bourse.—Et vous, comte, j'espère que vous aurez assez de confiance en moi pour permettre le tête-à-tête.

— Mais c'est d'un ridicule achevé!

— Point! répondit Lectoure, c'est au contraire parfaitement convenable. Je ne suis pas une tête couronnée, moi, pour épouser une femme sur un portrait et par procuration. Je désire la voir en personne. Allons, Emmanuel, continua le baron en poussant son ami vers une porte latérale afin qu'il ne rencontrât point sa sœur. Voyons, de vous à moi, est-ce qu'il y a... difformité?

— Eh! non, pardieu! répondit le jeune comte; au contraire, elle est jolie comme un ange!

— Eh bien! alors, dit le baron, qu'est-ce que cela signifie? Voyons!... encore... faut-il que j'appelle mes gardes?

— Non; mais, sur ma parole! j'ai peur que cette petite sotte, qui n'a aucune idée du monde, ne vienne détruire tout ce que nous avons arrêté.

— Oh! si ce n'est que cela, répondit Lectoure en ouvrant la porte, rassurez-vous. J'aime trop le frère pour ne point passer quelque caprice... quelque bizarrerie à la sœur, et je vous donne ma foi de gentilhomme qu'à moins que le diable ne s'en mêle,—et, pour le moment, je l'espère, il est occupé dans une autre partie du monde,—mademoiselle Marguerite d'Auray sera dans trois jours madame la baronne de Lectoure, et que, dans un mois, vous aurez votre régiment.

Cette promesse parut rassurer quelque peu Emmanuel, qui se laissa mettre à la porte sans faire plus de difficultés. Lectoure courut aussitôt à une glace pour réparer les légères traces de désordre qu'avaient apportées dans sa toilette les cahots des trois dernières lieues. Il venait à peine de faire reprendre à ses cheveux et à ses habits le tour et le pli convenables, lorsque la porte se rouvrit, et que Célestin annonça :

— Mademoiselle Marguerite d'Auray!

Le baron se retourna et aperçut sa fiancée tremblante et pâle sur le seuil de la porte. Quelque espoir que lui eussent donné les promesses d'Emmanuel, il lui était resté au fond du cœur certains doutes, sinon sur la beauté, du moins sur la tournure et les manières de celle qui allait devenir sa femme. Son étonnement fut donc merveilleux lorsqu'il vit apparaître cette frêle et gracieuse création, à qui la critique la plus sévère de la forme n'aurait pu reprocher qu'un peu de pâleur. Les mariages comme celui qu'allait contracter Lectoure n'étaient point rares dans un temps où les questions de rang et les convenances de fortune décidaient en général des alliances entre maisons nobles; mais ce qui devait se présenter à peine une fois sur mille, c'était, dans la position du baron, de trouver au fond d'une province, riche d'une fortune immense, une femme qu'au premier aspect il pouvait juger digne, par son maintien, son élégance et sa beauté, de figurer au milieu des cercles les plus brillans de la cour. Il s'avança donc vers elle, non plus avec cette supériorité d'un courtisan sur une provinciale, mais avec toute l'aisance respectueuse qui formait le cachet de la bonne compagnie de cette époque de transition.

— Pardon, mademoiselle, lui dit-il en lui offrant, pour la conduire à un fauteuil, une main qu'elle n'accepta pas, c'était à moi à solliciter la faveur que vous m'accordez, et la seule crainte d'être indiscret, croyez-le bien, me donne le tort apparent de m'être laissé prévenir.

— Je vous sais gré de cette délicatesse, monsieur le baron, répondit d'une voix tremblante Marguerite faisant un mouvement en arrière et restant debout, elle m'enhardit encore dans la confiance que, sans vous avoir vu, sans vous connaître, j'ai mise dans votre honneur et votre loyauté.

— Quelque but que se soit proposé cette confiance, elle m'honore, mademoiselle, et je tâcherai de m'en rendre digne; mais qu'avez-vous donc? mon Dieu!...

— Rien, monsieur, rien, répondit Marguerite en tâchant de comprimer son émotion; mais c'est que... ce que j'ai à vous dire... pardon... mais... je ne suis pas maîtresse...

Elle chancela; le baron s'élança vers elle et voulut la soutenir; mais à peine l'eut-il touchée, qu'une rougeur ardente passa comme une flamme sur les joues de la jeune fille, et qu'avec un sentiment qui pouvait appartenir aussi bien à la pudeur qu'à la répugnance, elle se dégagea de ses bras. Lectoure lui avait pris la main, et il la conduisit à un fauteuil contre lequel elle s'appuya, ne voulant point s'y asseoir.

— Bon Dieu! dit le baron retenant toujours la main dont il s'était emparé; mais c'est donc une chose bien difficile à dire que celle qui vous amène? ou bien, sans m'en douter, mon titre de fiancé me donnerait-il déjà l'air imposant d'un mari?

Marguerite fit un nouveau mouvement pour dégager sa main de celle de Lectoure, ce qui força celui-ci d'y porter les yeux.

— Comment! s'écria-t-il, ce n'est point assez d'une figure adorable, d'une taille de fée! des mains charmantes!... des mains royales! mais c'est vouloir que j'en meure!

— J'espère, monsieur le baron, dit Marguerite faisant un dernier effort en retirant sa main, que les paroles que vous m'adressez sont des paroles de pure galanterie.

— Non, sur mon âme! répondit Lectoure, c'est la vérité tout entière.

— Eh bien! j'espère, monsieur, qu'alors même, ce dont je doute, que vous penseriez ce que vous croyez devoir me dire, ce ne seraient point de pareils motifs qui vous feraient attacher un plus grand prix à l'union projetée entre nous.

— Mais si fait! je vous jure.

— Et cependant, continua Marguerite en reprenant haleine, tant sa poitrine était oppressée, cependant, monsieur, vous regardez le mariage comme une chose... sérieuse.

— C'est selon, répondit en souriant Lectoure; si j'épousais une douairière, par exemple...

— Enfin, répondit Marguerite avec un accent plus résolu, pardon, monsieur, si je me suis trompée, mais j'ai pensé que parfois d'avance vous vous étiez fait, peut-être, sur l'alliance proposée entre nous, des idées de réciprocité de sentimens.

— Jamais! interrompit Lectoure qui semblait mettre autant de soin à éviter une explication franche et désirée que Marguerite mettait d'insistance à la provoquer; jamais! non, depuis que je vous ai vue surtout, je n'ai point espéré être digne de votre amour; et, cependant, mon nom, ma position sociale, à défaut d'influence sur votre cœur, peuvent me donner des droits à votre main.

— Mais comment, monsieur, dit Marguerite avec crainte, comment séparez-vous donc l'un de l'autre?

— Comme font les trois quarts de ceux qui se marient, mademoiselle, répondit Lectoure avec un laisser-aller qui eût arrêté à l'instant la confidence sur les lèvres d'une femme moins candide que Marguerite. On épouse, l'homme pour avoir une femme, la femme pour avoir un mari; c'est une position, un arrangement social. Que voulez-vous, mademoiselle, que le sentiment et l'amour aient à faire dans tout cela?

— Pardon, je m'explique peut-être mal, continua Marguerite se faisant violence à elle-même afin de cacher aux yeux de l'homme de qui dépendait son avenir l'impression douloureuse que lui faisaient ses paroles; mais il faut attribuer mon hésitation, monsieur, à la timidité d'une jeune fille forcée par des circonstances impérieuses à parler d'un pareil sujet.

— Point! répondit Lectoure en s'inclinant et en donnant à sa voix un accent qui touchait à la raillerie; au contraire, mademoiselle, vous parlez comme Clarisse Harlowe, et c'est clair comme le jour. Dieu m'a fait l'esprit assez subtil pour que, croyez-moi, je comprenne à merveille même ce que l'on ne me dit qu'à demi-mot.

— Comment, monsieur, s'écria Marguerite, vous comprenez ce que j'ai voulu vous dire et vous me laissez continuer! Comment, si, en descendant au fond de mon cœur, si, en interrogeant mes sentimens, j'y voyais l'impossibilité d'aimer... jamais... celui que l'on me présente pour mari...

— Eh bien! mais, répondit Lectoure avec le même accent, il ne faudrait pas le lui dire.

— Et pourquoi cela, monsieur?

— Parce que... mais... parce que... parce que ce serait trop naïf.

— Et si cet aveu, je ne le faisais point par naïveté, monsieur; si je le faisais par délicatesse? Si j'ajoutais... et que la honte de cet aveu retombe sur ceux qui me forcent à le faire! si j'ajoutais, monsieur, que... j'ai aimé... que j'aime encore!

— Oh! quelque petit cousin, n'est-ce pas? dit négligemment Lectoure croisant une jambe sur l'autre et jouant avec son jabot. C'est une race maudite, ma parole d'honneur! que ces petits cousins. Mais heureusement on sait ce que c'est que de pareils attachemens, et il n'y a pas une pensionnaire qui, à la fin des vacances, ne rentre au couvent avec une passion dans le cœur.

— Malheureusement pour moi, répondit Marguerite d'une voix aussi triste et aussi grave que celle de son interlocuteur était railleuse et légère, malheureusement je ne suis plus une pensionnaire, monsieur, et, quoique jeune encore, j'ai depuis longtemps passé l'âge des jeux puérils et des attachemens enfantins. Lorsque je parle, à l'homme qui me fait l'honneur de solliciter ma main et de m'offrir son nom, de mon amour pour un autre, il doit penser que je lui parle d'un amour grave, profond, éternel! d'un de ces amours enfin qui laissent leur trace dans le cœur et creusent leur passage dans la vie.

— Diable! fit Lectoure comme s'il commençait à donner plus d'importance à la révélation; mais c'est de la bergerie, cela! Voyons. Est-ce un jeune homme que l'on puisse recevoir.

— Oh! monsieur, s'écria Marguerite se reprenant à l'espoir que semblaient lui donner ces paroles; oh! croyez-moi bien, c'est l'être le meilleur, l'âme la plus dévouée!

— Mais je ne vous demande pas cela, et je ne parle pas des qualités du cœur. Il les a toutes, c'est convenu. Je vous demande s'il est de noblesse, s'il est de race, si une femme comme il faut peut l'avouer enfin, et cela sans faire tort à son mari.

— Son père, qu'il a perdu encore jeune, et qui était un ami d'enfance de mon père, était conseiller à la cour de Rennes.

— Noblesse de robe! murmura Lectoure en laissant tomber la lèvre inférieure en signe de mépris. J'aimerais mieux autre chose. Est-il chevalier de Malte, au moins?

— Il se destinait aux armes.

— Eh bien! alors, on lui aura un régiment pour lui faire une position. Voilà qui est arrangé. C'est bien. Écoutez. Il laissera passer six mois pour les convenances, obtiendra un congé, ce qui ne sera pas difficile, puisque nous n'avons pas de guerre, se fera présenter chez vous par un ami commun, et tout sera dit.

— Je ne vous comprends pas, monsieur, répondit Marguerite en regardant le baron avec l'expression d'un profond étonnement.

— C'est pourtant limpide ce que je vous dis, reprit celui-ci avec quelque impatience. Vous avez des engagemens de votre côté, j'en ai du mien, cela ne doit pas empêcher de s'accomplir une union convenable sous tous les rapports; et une fois accomplie, eh bien! mais il me semble qu'il faut la rendre tolérable. Comprenez-vous, enfin?

— Oh! pardon, pardon, monsieur! s'écria Marguerite en reculant devant ces paroles comme si elles eussent eu une main pour la repousser. J'ai été bien imprudente, bien coupable peut-être; mais, telle que j'étais enfin, je ne croyais pas encore mériter une pareille injure! Oh!... monsieur... le rouge de la honte me brûle le visage, plus encore pour vous que pour moi. Oui, je comprends. Un amour apparent et un amour caché! le visage du vice et le masque de la vertu! Et c'est à moi, à moi la fille de la marquise d'Auray, que l'on propose ce marché honteux, avilissant, infâme! Oh! continua-t-elle en se laissant tomber dans un fauteuil, et en se cachant le visage entre ses mains, il faut donc que je sois une créature bien malheureuse, bien méprisable et bien perdue! Oh! mon Dieu! mon Dieu!

— Emmanuel! Emmanuel! dit le baron ouvrant la porte derrière laquelle il se doutait qu'était resté le frère de Marguerite. Eh! venez donc, mon cher, votre sœur a des spasmes! il faut faire attention à ces choses, ou elles deviennent chroniques!... Madame de Meulan en est morte!... Tenez, comte, voilà mon flacon, faites-le lui respirer; quant à moi, je descends dans le parc. Si vous n'avez rien à faire, venez m'y joindre, et donnez-moi, je vous prie, des nouvelles de votre sœur.

A ces mots, le baron de Lectoure sortit avec une aisance miraculeuse, laissant Marguerite et Emmanuel en face l'un de l'autre.

XII.

Le même jour où avait lieu l'entrevue de Marguerite et de Lectoure, entrevue dont nous avons raconté les détails et qui eut un résultat tout contraire à celui qu'avait espéré la jeune fille, ce jour-là même, à quatre heures, la cloche du dîner rappela le baron au château. Emmanuel faisait les honneurs de la table, car la marquise était restée auprès de son mari, et Marguerite avait demandé la permission de ne pas descendre. Les autres convives étaient le notaire, les parens et les témoins. Le repas fut triste, malgré l'imperturbable entrain de Lectoure; mais il était visible que, par cette joyeuse humeur, si active qu'elle ressemblait à une fièvre, il avait l'intention de s'étourdir lui-même. De temps en temps, en effet, cette âcre gaîté tombait tout à coup comme s'éteint une lampe à laquelle l'huile fait défaut; puis elle jaillissait de nouveau, jetant des lueurs plus vives, comme fait la flamme lorsqu'elle dévore son dernier aliment. A sept heures on se leva pour passer dans le salon.

Il est difficile de se faire une idée de l'aspect étrange que présentait ce vieux château, dont les vastes appartemens étaient tendus d'étoffes de damas aux dessins gothiques, et garnis de meubles du temps de Louis XIII; fermés qu'ils avaient été depuis si longtemps, ils semblaient s'être déshabitués de la vie. Aussi, malgré le luxe de lumières que les valets avaient déployé, la lueur faible et tremblante des bougies était insuffisante à ces chambres immenses dont tous les rentrans restaient sombres, et dans lesquelles la voix rentissait comme sous les arceaux d'une cathédrale. Le petit nombre des convives, auxquels devaient se joindre à peine, dans la soirée, trois ou quatre gentilshommes des environs, augmentait encore la tristesse qui semblait planer sous les voûtes blasonnées du vieux manoir. Au centre de l'un des salons, celui-là même où Emmanuel, au moment de son arrivée à Paris, avait reçu la veille le capitaine Paul, une table s'élevait, solennellement préparée, supportant un portefeuille fermé, qui, aux yeux d'un étranger ignorant ce qui se préparait, pouvait aussi bien renfermer une sentence de mort qu'un contrat de mariage. Au milieu de ces aspects tristes et de ces impressions sombres, de temps en temps un éclat de rire moqueur, strident, arrivait à un groupe de personnes parlant bas; c'était Lectoure qui s'amusait aux dépens de quelque honnête campagnard, sans pitié pour Emmanuel sur qui retombait en quelque sorte une partie de la raillerie. Parfois cependant le fiancé regardait avec anxiété d'une extrémité à l'autre de l'appartement; puis tout à coup un nuage rapide passait sur son front, car il ne voyait paraître ni son beau-père, ni la marquise, ni Marguerite. Les deux premiers, comme nous l'avons dit, n'étaient point descendus au dîner, et son entrevue d'un instant avec la dernière ne l'avait pas, tout insoucieux qu'il s'efforçait de paraître, laissé sans inquiétude sur ce qui se passerait à la signature du contrat qui devait avoir lieu dans la soirée.

Emmanuel n'était pas non plus exempt de quelques craintes, et il venait de se décider à monter chez sa sœur, lorsqu'en passant dans une chambre il croisa Lectoure qui l'appela d'un signe de la main.

— Pardieu! vous nous arrivez à merveille, mon cher comte, lui dit-il tout en ayant l'air de prêter une attention profonde à ce que lui racontait un brave gentilhomme avec lequel il paraissait dans les termes d'une parfaite amitié. Voilà monsieur de Nozay qui me raconte une chose fort curieuse, sur ma parole! Mais savez-vous, continua-t-il en se retournant vers le narrateur, que c'est une chasse charmante et tout à fait de bonne compagnie! Moi aussi j'ai des marais et des étangs; il faudra que je demande à mon intendant, en arrivant à Paris, où tout cela est situé. Et prenez-vous beaucoup de canards de cette manière?

— Immensément! répondit le gentilhomme avec un accent de parfaite bonhomie qui prouvait que Lectoure pouvait sans inconvénient soutenir la conversation quelque temps encore sur le même ton.

— Qu'est-ce donc, dit Emmanuel, que cette chasse miraculeuse?

— Imaginez-vous, mon cher, reprit Lectoure avec le plus grand sang-froid, que monsieur se met dans l'eau jusqu'au cou.

— A quelle époque, sans indiscrétion?

— Mais, répondit le gentilhomme, au mois de décembre ou de janvier.

— C'est on ne peut plus pittoresque. Je disais donc que monsieur se met dans l'eau jusqu'au cou, se coiffe la tête d'un potiron et se faufile dans les roseaux. Cela le change au point que les canards ne le reconnaissent aucunement et le laissent approcher à portée. N'est-ce point cela?

— Comme d'ici à vous.

— Bah! vraiment? s'écria Emmanuel.

— Et monsieur en tue autant qu'il veut, continua Lectoure.

— Des douzaines! reprit le gentilhomme, enchanté de l'attention que les deux jeunes gens lui prêtaient.

— Cela doit faire grand plaisir à votre femme, si elle aime les canards, dit Emmanuel.

— Elle les adore, répondit monsieur de Nozay.

— J'espère que vous me ferez l'honneur de me présenter à une personne si intéressante, reprit en s'inclinant Lectoure.

— Comment donc, monsieur le baron!

— Je vous jure que, de retour à Versailles, la première chose que je ferai sera de parler de cette chasse, au petit lever, et je suis convaincu que Sa Majesté en fera l'essai dans la pièce d'eau des Suisses.

— Pardon, cher baron, dit Emmanuel en prenant le bras de Lectoure et en se penchant à son oreille; mais c'est un voisin de campagne qu'il était impossible de ne pas recevoir dans une solennité comme celle-ci.

— Comment donc! répondit Lectoure en employant la même précaution pour ne pas être entendu de celui dont il était question; mais vous auriez eu grand tort de m'en priver. Il entre de droit dans la dot de ma future épouse, et j'aurais été désolé de ne point faire sa connaissance!

— Monsieur de Lajarry! annonça le domestique.

— Un compagnon de chasse? dit Lectoure.

— Non, répondit monsieur de Nozay, c'est un voyageur.

— Ah! ah! fit Lectoure avec un accent qui annonçait que le nouveau venu n'avait que juste le temps de se mettre en garde. A peine cette exclamation fut-elle échappée, que le nouveau venu entra, revêtu d'une polonaise garnie de fourrures.

— Eh! mon cher Lajarry, s'écria Emmanuel en allant au devant de lui et en lui donnant la main, comme vous voilà garni! Sur mon honneur! vous avez l'air du czar Pierre.

— C'est que, répondit Lajarry en frissonnant, quoiqu'il ne fît pas autrement froid, voyez-vous, mon cher comte, lorsqu'on arrive de Naples, prrrrrou!

— Ah! monsieur arrive de Naples! dit Lectoure en se mêlant à la conversation.

— En droiture, monsieur.

— Monsieur est monté sur le Vésuve?

— Non : je me suis contenté de le regarder de ma fenêtre. Et puis, continua le gentilhomme voyageur avec un accent de mépris très humiliant pour le volcan, ce n'est pas ce qu'il y a de plus curieux à Naples, le Vésuve! Une montagne qui fume! Ma cheminée en fait autant quand le vent vient de Belle-Isle. Et puis madame Lajarry avait une peur effroyable des éruptions!

— Mais vous avez visité la *Grotte du Chien?* continua Lectoure.

— Pour quoi faire? reprit Lajarry; pour voir une bête qui a des vapeurs! donnez des boulettes au premier caniche qui passe, il en fera autant. Et puis madame Lajarry a la passion des chiens, et cela lui aurait fait de la peine.

— J'espère au moins, dit Emmanuel en s'inclinant, qu'un savant comme vous n'aura pas négligé la Solfatare?

— Moi? je n'y ai pas mis le pied! Je me figure pardieu bien ce que c'est que trois ou quatre arpens de soufre, qui ne rapportent absolument rien que des allumettes! D'ailleurs madame Lajarry ne peut pas sentir l'odeur du soufre.

— Comment trouvez-vous celui-là? dit Emmanuel conduisant Lectoure dans la salle du contrat.

— Je ne sais si c'est parce que j'ai vu l'autre le premier, répondit Lectoure, mais je le préfère.

— Monsieur Paul! annonça tout à coup le domestique.

— Hein! fit Emmanuel en se retournant.

— Qu'est-ce? dit Lectoure en se dandinant. Encore un voisin de campagne?

— Non; celui-là c'est autre chose! répondit Emmanuel avec inquiétude. Comment cet homme ose-t-il se présenter ici?

— Ah! ah!..... roturier, hein? vilain, n'est-ce pas?..... mais riche? Non? Poëte?... musicien?... peintre?... Eh bien! mais je vous assure, Emmanuel, que l'on commence à recevoir cette espèce. La philosophie maudite a tout confondu. Que voulez-vous, mon cher, il faut en prendre bravement son parti. On est arrivé là. Un artiste s'assied près d'un grand seigneur, le coudoie, le salue du coin du chapeau, reste sur son siége quand il se lève; ils parlent ensemble des choses de la cour, ils ricanent, ils plaisantent, ils chamaillent. C'est un mauvais goût de très bon ton.

— Vous vous trompez, Lectoure, répondit Emmanuel; ce n'est ni un poëte, ni un peintre, ni un musicien, c'est un homme à qui je dois parler seul. Ecartez donc Nozay, tandis que j'écarterai Lajarry.

A ces mots, les deux jeunes gens prirent chacun le bras d'un des deux campagnards, et s'éloignèrent en parlant chasse et voyages. A peine les portes latérales s'étaient-elles refermées derrière eux, que Paul parut à celle du milieu.

Il entra dans cette chambre qu'il connaissait déjà, et dont chaque angle cachait une porte, l'une donnant dans une bibliothèque et l'autre dans le cabinet où il avait attendu, lors de sa première visite, le résultat de la conférence entre Marguerite et Emmanuel. Puis, s'approchant de la table, il resta un instant debout, regardant alternativement ces deux portes, comme s'il se fût attendu à voir ouvrir l'une ou l'autre. Son espérance ne fut pas trompée. Au bout d'un instant, celle de la bibliothèque s'entr'ouvrit, et il aperçut dans l'ombre une forme blanche. Il s'élança vers elle.

— Est-ce vous, Marguerite ? lui dit-il.

— Oui, répondit une voix tremblante.

— Eh bien ?

— Je lui ai tout dit.

— Et ?

— Et dans dix minutes on signe le contrat !

— Je m'en doutais : c'est un misérable !

— Que faire ? s'écria la jeune fille.

— Du courage, Marguerite !

— Du courage ? Oh ! je n'en ai plus.

— Voilà qui vous en rendra, lui dit Paul en lui remettant un billet.

— Que contient cette lettre ?

— Le nom du village où vous attend votre fils et le nom de la femme chez qui on l'a caché.

— Mon fils !... Oh ! vous êtes donc un ange! s'écria Marguerite, essayant de baiser la main qui lui tendait le papier.

— Silence! on vient, dit Paul. Quelque chose qu'il arrive, vous me retrouverez chez Achard.

Marguerite referma vivement la porte sans lui répondre, car elle avait reconnu le bruit des pas de son frère. Paul se retourna et marcha à sa rencontre; les deux jeunes gens se joignirent près de la table.

— Je vous attendais à une autre heure, monsieur, et devant moins nombreuse compagnie, dit Emmanuel, rompant le premier le silence.

— Mais nous sommes seuls, ce me semble, répondit Paul en jetant les yeux autour de lui.

— Oui, mais c'est ici que l'on signe le contrat, et dans un instant le salon sera plein.

— On dit bien des choses en un instant, monsieur le comte !

— Vous avez raison, répondit Emmanuel ; mais il faut rencontrer un homme qui n'ait pas besoin de plus d'un instant pour les comprendre.

— J'écoute, dit Paul.

— Vous m'avez parlé de lettres, continua Emmanuel se rapprochant encore de son interlocuteur et baissant la voix.

— Cest vrai, répondit Paul avec le même calme.

— Vous avez fixé un prix à ces lettres?

— C'est encore vrai.

— Eh bien ! si vous êtes homme d'honneur, pour cette somme renfermée dans ce portefeuille, vous devez être prêt à me les rendre.

— Oui, répondit Paul, oui, monsieur; il en était ainsi tant que j'ai cru que votre sœur, oubliant les sermens faits, la faute commise, et jusqu'à l'enfant qu'elle avait mis au jour, secondait votre ambition de son parjure. Alors je pensai que c'était un baptême de larmes assez amer d'entrer dans le monde, sans nom et sans famille, pour ne pas du moins y entrer sans fortune. Et je vous avais demandé, il est vrai, cette somme en échange de ces lettres. Mais aujourd'hui la position est changée, monsieur. J'ai vu votre sœur se jeter à vos genoux, je l'ai entendue vous supplier de ne point la forcer à ce mariage infâme; et ni prières, ni supplications, ni larmes n'ont eu de pouvoir sur votre cœur. C'est donc aujourd'hui à moi, qui tiens votre honneur et celui de votre famille entre mes mains, c'est donc à moi de sauver la mère du désespoir, comme je voulais sauver l'enfant de la misère. Ces lettres, monsieur, vous seront remises lorsque, sur cette table, au lieu du contrat de mariage de votre sœur avec le baron de Lectoure, nous signerons celui de mademoiselle Marguerite d'Auray avec monsieur Anatole de Lusignan.

— Jamais, monsieur, jamais.

— Vous ne les aurez cependant qu'à cette condition, comte.

— Oh ! peut-être y a-t-il bien quelque moyen de vous forcer à les rendre.

— Je n'en connais pas, répondit froidement Paul.

— Voulez-vous me rendre ces lettres, monsieur ?

— Comte, dit Paul regardant Emmanuel avec une expression de physionomie inexplicable pour le jeune homme, comte, écoutez-moi.

— Voulez-vous me rendre ces lettres, monsieur?

— Comte...

— Oui, ou non !

— Deux mots...

— Oui, ou non !

— Non, dit froidement Paul.

— Eh bien ! monsieur, vous avez votre épée au côté, comme moi la mienne; nous sommes gentilshommes tous deux, ou je veux bien croire que vous l'êtes. Sortons, monsieur, sortons ; que l'un de nous deux rentre seul, et que celui-là, libre et fort de la mort de l'autre, fasse alors ce qu'il voudra.

— Je regrette de ne pouvoir accepter l'offre, monsieur le comte.

— Comment ! vous avez sur le corps cet uniforme, au cou cette croix, au côté cette épée, et vous refusez un duel !

— Oui, Emmanuel, je le refuse.

— Et pourquoi cela ?

— Parce que je ne puis me battre avec vous, comte. Croyez ce que je vous dis.

— Vous ne pouvez vous battre avec moi ?

— Sur l'honneur !

— Vous ne pouvez vous battre avec moi, dites-vous ?

En ce moment un éclat de rire se fit entendre derrière les deux jeunes gens; Paul et Emmanuel se retournèrent; Lectoure était derrière eux.

— Mais, continua Paul en étendant la main vers le baron, je puis me battre avec monsieur, qui est un misérable et un infâme !

Une rougeur brûlante passa sur le visage de Lectoure comme le reflet d'une flamme. Il fit un mouvement pour marcher à Paul, puis il s'arrêta.

— C'est bien, monsieur, lui dit-il, envoyez votre témoin à Emmanuel; ils arrangeront toute l'affaire.

— Vous comprenez que ce n'est entre nous que partie remise, dit Emmanuel.

— Silence ! répondit Paul, on annonce votre mère.

— Oui, silence, et à demain! Lectoure, ajouta Emmanuel, allons au-devant de ma mère.

Paul regarda en silence s'éloigner ces deux jeunes gens, puis il rentra dans le cabinet qu'il connaissait déjà pour s'y être enfermé une première fois.

XIII.

Au moment où le capitaine Paul entrait dans le cabinet, la marquise se présentait à la porte du salon, suivie du notaire et des différentes personnes invitées à la signature du contrat. Quelque solennelle que fût la circonstance, la marquise n'avait pas cru devoir renoncer à ses habits de deuil, et, vêtue de noir comme d'habitude, elle précédait de quelques instans le marquis, qu'aucun de ceux qui se trouvaient là, même son fils, n'avaient vu depuis des années. Telle était la puissance des traditions de l'étiquette, que la marquise n'avait point voulu que l'on signât le contrat de sa fille sans que le chef de la famille, tout insensé qu'il était, présidât à cette cérémonie. Quelque peu disposé que fût Lectoure à se laisser intimider, la marquise produisit sur lui son effet habituel, et la voyant entrer si grave et si digne, il s'inclina avec un sentiment de profond respect.

— Je suis reconnaissante, messieurs, dit la marquise en saluant ceux qui l'accompagnaient, de l'honneur que vous voulez bien me faire en assistant aux fiançailles de mademoiselle Marguerite d'Auray avec monsieur le baron de Lectoure. Aussi ai-je désiré que le marquis, tout souffrant qu'il est, assistât à cette réunion et vous remerciât, du moins par sa présence, s'il ne peut le faire par ses paroles. Vous connaissez sa situation, vous ne vous étonnerez donc point si quelques mots sans suite...

— Oui, madame, interrompit Lectoure, nous savons le malheur qui l'a frappé, et nous admirons la femme dévouée qui, depuis vingt ans, supporte la moitié de ce malheur.

— Vous le voyez, madame, dit Emmanuel en s'approchant à son tour et en baisant la main de sa mère, tout le monde est à genoux devant votre piété conjugale.

— Où est Marguerite? murmura la marquise à demi-voix.

— Elle était là il n'y a qu'un instant, répondit Emmanuel.

— Faites-la prévenir, continua la marquise sur le même ton.

— Le marquis d'Auray! annonça alors le domestique.

Chacun s'écarta de manière à démasquer la porte, et tous les yeux se tournèrent du côté où ce nouveau personnage devait apparaître. Cette curiosité ne tarda point à être satisfaite; le marquis s'avança presque aussitôt, soutenu par deux domestiques.

C'était un vieillard dont la figure, malgré les traces de souffrances qui l'avaient sillonnée, conservait encore l'aspect de noblesse et de dignité qui en avait fait un des hommes les plus distingués de la cour. Ses grands yeux caves et fiévreux se promenaient sur toute l'assemblée avec une expression étrange d'étonnement. Il avait son costume de mestre de camp, portait l'ordre du Saint-Esprit au cou, et celui de Saint-Louis à la boutonnière. Il s'avança lentement, sans prononcer une parole. Les deux valets le conduisirent, au milieu d'un profond silence, vers un fauteuil sur lequel il s'assit; après quoi ils se retirèrent. La marquise se plaça à sa droite. Le notaire tira le contrat du portefeuille et le lut à haute voix. Le marquis et la marquise reconnaissaient cinq cent mille francs à Lectoure, et constituaient en dot la même somme à Marguerite.

Pendant toute cette lecture, la marquise, malgré son apparente impassibilité, avait donné quelques marques d'inquiétude. Enfin, comme le notaire reposait le contrat sur la table, Emmanuel rentra et se rapprocha de sa mère:

— Et Marguerite? dit la marquise.

— Elle me suit, répondit Emmanuel.

— Madame! murmura Marguerite entr'ouvrant la porte et en joignant les mains.

La marquise fit semblant de ne pas l'entendre, et montrant du doigt la plume :

— A vous, monsieur le baron, dit-elle.

Lectoure s'approcha de la table, prit la plume et signa.

— Madame! dit une seconde fois Marguerite d'une voix suppliante et en faisant un pas vers sa mère.

— Passez la plume à votre fiancée, monsieur de Lectoure, dit la marquise.

Le baron fit le tour de la table et s'approcha de Marguerite.

— Madame! dit une troisième fois celle-ci avec un accent de voix si plein de larmes, qu'il retentit jusqu'au fond de tous les cœurs, et que le marquis lui-même leva la tête.

— Signez, dit la marquise en indiquant du doigt le contrat de mariage.

— Oh! mon père! mon père! s'écria Marguerite en se jetant aux pieds du marquis.

— Que faites-vous? dit la marquise s'appuyant sur le bras du fauteuil de son mari et se penchant devant lui. Etes-vous folle, mademoiselle?

— Mon père! mon père! dit Marguerite entourant le marquis de ses bras; mon père, prenez pitié de moi!..... mon père, sauvez votre fille!

— Marguerite! murmura la marquise avec un accent terrible de menace.

— Madame, répondit celle-ci, je ne puis m'adresser à vous. Laissez-moi donc implorer mon père. A moins, continua-t-elle en montrant le notaire avec un geste ferme et décidé, que vous n'aimiez mieux que j'invoque la loi!

— Allons, dit la marquise en se relevant et avec un accent d'amère ironie, c'est une scène de famille, et ces sortes de choses, fort attendrissantes pour les grands parens, sont en général assez fastidieuses aux étrangers. Messieurs, vous trouverez des rafraîchissemens dans les chambres voisines. Mon fils, faites les honneurs. Monsieur le baron, pardonnez...

Emmanuel et Lectoure s'inclinèrent en silence et se retirèrent, suivis de toute l'assemblée. La marquise demeura immobile jusqu'à ce que le dernier assistant fût éloigné, puis elle alla fermer les portes, et revenant près du marquis que Marguerite tenait toujours embrassé :

— Maintenant, dit-elle, qu'il n'y a plus ici que ceux qui ont le droit de vous donner des ordres, signez ou sortez, mademoiselle!

— Par pitié, madame, par pitié! dit Marguerite, n'exigez pas de moi cette infamie!

— Ne m'avez-vous pas entendu? dit la marquise donnant à sa voix un accent impératif auquel il semblait impossible que l'on pût résister, et faut-il que je le répète? Signez ou sortez!

— Oh! mon père! mon père! s'écria Marguerite; grâce pour moi! grâce! Non, non, il ne sera pas dit que, depuis dix ans que je n'ai vu mon père, on m'arrachera de ses bras au moment où je le revois! et cela sans qu'il m'ait reconnue, sans qu'il m'ait embrassée! Mon père!... c'est moi... c'est votre fille!...

— Qu'est-ce que cette voix qui m'implore? murmura le marquis. Qu'est-ce que cette enfant qui m'appelle son père?

— Cette voix, dit la marquise saisissant le bras de sa fille, c'est une voix qui s'élève contre les droits de la nature! Cette enfant, c'est une fille rebelle!

— Mon père, s'écria Marguerite, regardez-moi!... sauvez-moi!... défendez-moi!... je suis Marguerite!

— Marguerite?... Marguerite?... balbutia le marquis; j'ai eu autrefois un enfant de ce nom.

— C'est moi!... c'est moi!... reprit Marguerite; c'est moi qui suis votre enfant! c'est moi qui suis votre fille!

— Il n'y a d'enfans que ceux qui obéissent! dit la marquise. Obéissez, et vous aurez le droit de dire que vous êtes notre fille.

— Oh! à vous, mon père!... oui, à vous, je suis prête à obéir. Mais vous ne l'ordonnez pas, vous!... Vous ne voulez pas que je sois malheureuse!... malheureuse à désespérer!... malheureuse à mourir!

— Viens! viens! dit le marquis, la retenant et la pressant à son tour dans ses bras. Oh! c'est une sensation inconnue et délicieuse que celle que j'éprouve! Et maintenant... attends!... attends!... Il porta la main à son front. Il me semble que je me souviens!

— Monsieur, s'écria la marquise, dites-lui qu'elle doit obéir, que Dieu maudit les enfans rebelles; dites-lui cela plutôt que de l'encourager dans son impiété!

Le marquis releva lentement la tête et fixa ses yeux ardens sur sa femme; puis d'une voix lente :

— Prenez garde, madame, lui dit-il, prenez garde! Ne vous ai-je pas dis que je commençais à me souvenir?

Puis laissant retomber son front sur celui de Marguerite, de manière à ce que ses cheveux blancs se mêlassent aux cheveux noirs de la jeune fille : Parle! parle! continua-t-il. Qu'as-tu, mon enfant? dis-moi cela.

— Oh! je suis bien malheureuse!

— Tout le monde est donc malheureux ici! s'écria le marquis. Cheveux noirs et cheveux blancs!... enfant et vieillard!... Oh! moi aussi, moi aussi... je suis bien malheureux, va!

— Monsieur, remontez dans votre appartement! il le faut, dit la marquise.

— Oui, pour que je me retrouve encore face à face avec vous!..... enfermé comme un prisonnier!..... C'est bon quand je suis fou, madame!

— Oui, oui, mon père, vous avez raison. Il y a bien assez longtemps que ma mère se dévoue. Il est temps que ce soit votre fille. Mon père, prenez-moi, je ne vous quitterai ni jour ni nuit. Vous n'aurez qu'à faire un geste, qu'à dire un parole : je vous servirai à genoux!...

— Oh! tu n'aurais pas le courage de le faire!

— Si, mon père; si! je le ferai. Aussi vrai que je suis votre fille!

La marquise se tordit les bras d'impatience.

— Si tu es ma fille, reprit le marquis, pourquoi, depuis dix ans, ne t'ai-je pas vue?

— Parce qu'on m'a dit que vous ne vouliez pas me voir, mon père; parce qu'on m'a dit que vous ne m'aimiez pas.

— On t'a dit que je ne voulais pas te voir, figure d'ange! s'écria le marquis lui prenant la tête entre les mains et la regardant avec amour; on t'a dit cela! où t'a dit qu'un pauvre damné ne voulait pas du ciel! Eh! qui donc a dit qu'un père ne voulait pas voir sa fille! qui donc a osé dire à un enfant : « Enfant, ton père ne t'aime pas! »

— Moi, dit la marquise en essayant une dernière fois d'arracher Marguerite des bras de son père.

— Vous! interrompit le marquis; c'est vous! Mais vous avez donc reçu la mission fatale de me tromper dans toutes mes affections! Il faut donc que toutes mes douleurs prennent leur source en vous! il faut donc que vous brisiez aujourd'hui le cœur du père comme vous avez brisé il y a vingt ans le cœur de l'époux!

— Vous délirez, monsieur, dit la marquise, lâchant sa fille et passant à la droite du marquis. Taisez-vous, taisez-vous!

— Non, madame, non, je ne délire pas! répondit le marquis; non!... non!... dites plutôt... dites, et ce sera la vérité, dites que je suis entre un ange qui veut me rappeler à la raison et un démon qui veut me rendre à la folie! non! je ne suis plus insensé!... faut-il que je vous le prouve? Il se souleva en appuyant les mains sur les bras de son fauteuil. Faut-il que je vous parle de lettres? d'adultère? de duel?

— Je vous dis, répondit la marquise en lui saisissant le bras, je vous dis que vous êtes plus abandonné de Dieu que jamais, lorsque vous dites de pareilles choses, sans songer aux oreilles qui nous écoutent!... Baissez les yeux, monsieur; regardez qui est là,, et osez dire que vous n'êtes pas fou!

— Vous avez raison, dit le marquis en retombant sur son fauteuil. Elle a raison, ta mère, continua-t-il en s'adressant à Marguerite; c'est moi qui suis un insensé; et il faut croire, non à ce que je dis, mais à ce qu'elle dit, elle. Ta mère! c'est le dévoûment, c'est la vertu. Aussi, elle n'a ni insomnie, ni remords, ni délire. Que veut-elle, ta mère?

— Mon malheur, mon père! s'écria Marguerite; mon malheur éternel!

— Et comment puis-je l'empêcher, ce malheur, moi? dit avec un accent déchirant le malheureux vieillard. Comment puis-je empêcher, moi, pauvre fou, qui crois toujours voir du sang couler d'une blessure! qui crois toujours entendre une tombe qui parle!

— Oh! vous pouvez tout! Dites un mot, et je suis sauvée! On veut me marier. Le marquis renversa la tête en arrière. Ecoutez-moi donc!... On veut me marier à un homme que je n'aime pas!... comprenez-vous?... à un misérable!... et l'on vous a amené ici... dans ce fauteuil... devant cette table... vous, vous, mon père... pour signer ce contrat infâme! là... là... tenez... ce contrat que voici!

— Sans me consulter! répondit le marquis en prenant le contrat; sans me demander si je veux ou si je ne veu pas! Me croit-on mort?..... et si l'on me croit mort, me craint-on moins qu'un spectre?... Ce mariage ferait ton malheur, as-tu dit?

— Eternel! éternel! s'écria Marguerite.

— Eh bien! ce mariage ne se fera pas!

— J'ai engagé votre parole et la mienne, votre nom et le mien, dit la marquise avec d'autant plus de force qu'elle sentait le pouvoir lui échapper.

— Ce mariage ne se fera pas, vous dis-je, répondit le marquis d'une voix qui couvrait la sienne. C'est une chose trop terrible, continua-t-il d'un accent sombre et caverneux, qu'un mariage où une femme n'aime pas son mari! cela rend fou... Moi, la marquise m'a toujours aimé... aimé fidèlement. Ce qui me rend fou..... moi, c'est autre chose.

Un éclair de joie infernale brilla dans les yeux de la marquise, car elle vit à l'exaltation des paroles du marquis et à la terreur peinte dans ses yeux que la folie était près de revenir.

— Ce contrat? continua le marquis... Et il s'apprêta à le déchirer. La marquise y porta vivement la main. Marguerite semblait suspendue par un fil entre le ciel et l'enfer.

— Ce qui me rend fou, moi, reprit le marquis, c'est une tombe qui se rouvre! c'est un spectre qui sort de terre! c'est un fantôme qui vient! qui me parle! qui me dit!.....

— « Vos jours sont à moi! » murmura à l'oreille de son mari la marquise, répétant les dernières paroles de Morlaix mourant, « je pourrais les prendre. »

— L'entends-tu! l'entends-tu! s'écria le marquis, tremblant affreusement et se levant comme pour fuir.

— Mon père! mon père! revenez à vous! Il n'y a pas de tombe, il n'y a pas de spectre, il n'y a pas de fantôme. Ces paroles... c'est la marquise...

— « Mais je veux que vous viviez, » continua celle-ci, achevant l'œuvre qu'elle avait commencée, « pour me pardonner comme je vous pardonne. »

— Grâce! Morlaix, grâce! cria le marquis retombant sur son fauteuil, les cheveux dressés de terreur et la sueur de l'effroi sur le front.

— Mon père! mon père!

— Vous voyez que votre père est insensé, dit la marquise triomphante. Laissez-le!...

— Oh! dit Marguerite, oh! Dieu fera un miracle, je l'espère. Mon amour, mes caresses, mes larmes, le rendront à la raison.

— Essayez! répondit froidement la marquise, abandonnant à sa fille le marquis sans volonté, sans voix et presque sans connaissance.

— Mon père!... dit Marguerite d'une voix déchirante.

Le marquis resta impassible.

— Monsieur! dit la marquise d'un ton impératif.

— Hein!... hein!... fit le marquis frissonnant.

— Mon père! mon père!... cria Marguerite en se tordant les bras et se renversant de désespoir; mon père, à moi! à moi!

— Prenez cette plume et signez, dit la marquise, lui mettant la plume à la main et la main sur le contrat. Il le faut!... je le veux!

— Oh! maintenant je suis perdue!... s'écria Marguerite, écrasée de la lutte et se sentant sans force pour la soutenir.

Mais au moment où le marquis, vaincu, allait signer; où la marquise, triomphante, se félicitait de sa victoire; où Marguerite, désespérée, était près de fuir, un incident inattendu vint changer tout à coup la face des choses. La porte du cabinet s'ouvrit, et Paul, qui avait assisté, invisible, à cette scène, apparut tout à coup.

— Madame la marquise d'Auray, dit-il, avant que ce contrat ne se signe, un mot !

— Qui m'appelle ? dit la marquise, essayant de distinguer celui qui lui parlait dans l'éloignement, et par conséquent dans l'ombre.

— Je connais cette voix ! s'écria le marquis, tressaillant comme si un fer rouge l'eût touché.

Paul fit trois pas et entra dans le cercle de lumière que répandait le lustre.

— Est-ce un spectre ? s'écria à son tour la marquise, frappée de la ressemblance du jeune homme avec son ancien amant.

— Je connais ce visage ! murmura le marquis, croyant revoir l'homme qu'il avait tué.

— Mon Dieu ! mon Dieu ! protégez-moi ! balbutia Marguerite, à genoux et les bras vers le ciel.

— Morlaix !..... Morlaix !..... dit le marquis, se levant et marchant à Paul. Morlaix ! Morlaix ! pardon !... grâce !... Et il tomba de toute sa hauteur, évanoui, sur le plancher.

— Mon père ! s'écria Marguerite en se précipitant vers lui.

En ce moment un domestique entra tout effaré, et s'adressant à la marquise :

— Madame, lui dit-il, Achard fait demander le prêtre et le médecin du château. Il se meurt !

— Dites-lui, répondit la marquise, lui montrant le corps que sa fille était inutilement occupée à rappeler à la vie, dites-lui que tous deux sont retenus auprès du marquis.

XIV.

Comme on l'a vu à la fin du chapitre précédent, Dieu, par une de ces combinaisons étranges de sa providence que les hommes aveugles attribuent presque toujours au hasard, rappelait à lui en même temps, pour qu'ils lui rendissent le même compte, le noble marquis d'Auray et le pauvre Achard. Nous avons vu le premier, frappé à la vue de Paul, portrait vivant de son père, comme d'un coup de foudre, tomber sans connaissance aux pieds du jeune homme, épouvanté lui-même de l'effet terrible qu'il avait produit. Quant à Achard, les circonstances, qui avaient amené son agonie en même temps que celle du marquis, ressortaient, quoique différentes, du même drame et de la même situation. La vue de Paul, sur l'un comme sur l'autre, avait causé une émotion funeste à celui-ci par l'excès de la terreur, à celui-là par l'excès de la joie. Pendant la journée qui avait précédé la signature du contrat, Achard s'était donc senti plus faible que d'habitude. Toutefois, le soir, il n'en était pas moins sorti pour aller faire sa prière ordinaire à la tombe de son maître. De là il avait vu, avec une piété plus profonde que jamais, ce spectacle toujours nouveau et toujours splendide du soleil qui se couche dans l'Océan ; il avait suivi la dégradation de sa lumière pourprée : et comme si ce flambeau du monde attirait à lui son âme, il avait senti s'éteindre ses forces avec le dernier rayon du jour ; de sorte que, quand le domestique du château vint le soir, comme d'habitude, afin de prendre ses ordres, ne le rencontrant pas dans sa chambre, il s'était mis à le chercher au dehors ; et comme sa promenade ordinaire était connue, il l'avait bientôt trouvé au pied du grand chêne, évanoui sur la fosse de son maître, fidèle jusqu'à la fin à cette religion de la tombe qui avait été le sentiment exclusif des dernières années de sa vie. Alors le domestique l'avait pris dans ses bras et l'avait rapporté chez lui ; puis, tout effrayé de cet accident inattendu, il était accouru réclamer auprès de la marquise les derniers secours du médecin et du prêtre, que celle-ci avait refusés, sous le prétexte qu'à cette heure ils étaient aussi nécessaires au marquis qu'au vieux serviteur, et que la hiérarchie des rangs, puissante jusqu'en face de la mort, donnait à son époux le privilége d'en user le premier.

Mais cette nouvelle, annoncée à la marquise dans ce moment de paroxysme suprême où les différens intérêts et les différentes passions jetaient les acteurs de ce drame intime dont nous nous sommes fait l'historien, cette nouvelle avait été entendue de Paul. Jugeant impossible la signature du contrat dans l'état où était le marquis, il n'avait pris que le temps de rappeler une seconde fois à Marguerite qu'elle le retrouverait chez Achard, si elle avait besoin de lui : après quoi il s'était élancé dans le parc, et s'orientant au milieu de ses allées et de ses massifs avec cette habileté du marin qui lit tout chemin au ciel, il avait retrouvé la maison et était entré tout haletant dans la chambre du vieillard au moment où celui-ci commençait à reprendre ses sens, et s'était jeté dans ses bras. Alors la joie avait rendu quelque force au vieux serviteur, sûr au moins de mourir sur le cœur d'un ami.

— Oh ! c'est toi ! c'est toi ! s'écria le vieillard, je n'espérais pas te revoir.

— Et tu as pu penser que j'apprendrais ton état, s'écria Paul, et que je n'accourerais pas à l'instant !

— Mais je ne savais où te chercher, moi ; où te faire dire que je voulais te voir une dernière fois avant de mourir.

— J'étais au château, père ; j'ai tout appris et je suis accouru.

— Et comment étais-tu au château ? dit le vieillard étonné.

Paul lui raconta tout.

— Providence de Dieu ! murmura Achard lorsque Paul eut terminé son récit, que tes décrets sont cachés et inévitables ! Toi qui au bout de vingt années ramènes le jeune homme au berceau de l'enfant, et qui tues l'assassin du père par le seul aspect du fils !

— Oui, oui, cela s'est passé ainsi, répondit Paul ; et c'est cette même Providence qui me conduit à toi pour que je te sauve. Car, je le sais, ils t'ont refusé le médecin et le prêtre.

— Nous aurions dû cependant partager, en bonne justice, répondit Achard. Le marquis, puisqu'il craint la mort, n'avait qu'à garder le médecin, et à moi, qui suis las de la vie, m'envoyer le prêtre.

— Je puis monter à cheval, s'écria Paul, et avant une heure...

— Dans une heure il sera trop tard, dit le mourant d'une voix affaiblie. Un prêtre !... un prêtre seul !... Je ne demandais qu'un prêtre.

— Père, répondit Paul, je ne puis le remplacer, je le sais, dans ses fonctions sacrées ; mais nous parlerons de Dieu ensemble, de sa grandeur, de sa bonté.

— Oui, mais terminons d'abord avec les choses de la terre, pour ne plus penser qu'à celles du ciel. Tu dis que, comme moi, le marquis se meurt ?

— Je l'ai laissé agonisant.

— Tu sais qu'aussitôt après sa mort, les papiers renfermés dans cette armoire, et qui constatent ta naissance, t'appartiennent de droit ?

— Je le sais.

— Si je meurs avant lui, si je meurs sans prêtre, à qui confier ce dépôt ? Le vieillard se souleva, et lui montra sous le chevet de son lit une clef. Tu prendras cette clef : elle ouvre cette armoire ; tu y trouveras une cassette. Tu es homme d'honneur, jure-moi que tu n'ouvriras cette cassette que lorsque le marquis sera mort.

— Je vous le jure ! dit Paul en étendant solennellement la main vers le crucifix cloué au-dessus du chevet.

— C'est bien, répondit Achard. Maintenant je mourrai tranquille.

— Vous le pouvez, car le fils vous tient la main dans ce monde, et le père vous la tend dans le ciel.

— Crois-tu, enfant, qu'il sera content de ma fidélité ?

— Jamais roi n'a été obéi pendant sa vie comme lui l'aura été après sa mort.

— Oui, murmura le vieillard d'une voix sombre, oui, je n'ai été que trop exact à suivre ses commandemens. J'aurais dû ne pas souffrir ce duel, j'aurais dû me refuser à en être le témoin. Écoute, Paul : voilà ce que je voulais dire à un prêtre, car c'est la seule chose qui charge ma conscience; écoute : il y a des momens de doute où j'ai regardé ce duel solitaire comme un assassinat. Alors... alors, comprends-tu, Paul? c'est que je ne serais plus témoin, je serais complice!

— Mon père, répondit Paul, je ne sais si les lois de la terre sont toujours d'accord avec les lois du ciel, et si l'honneur selon les hommes est la vertu selon le Seigneur; je ne sais si notre Église, ennemie du sang, permet que l'offensé tente de venger lui-même son injure sur l'offenseur, et si, dans ce cas, le jugement de Dieu dirige toujours ou la balle du pistolet ou la pointe de l'épée. Ce sont là des questions qu'on décide, non pas avec le raisonnement, mais avec la conscience. Eh bien! ma conscience me dit qu'à ta place j'aurais fait ce que tu as fait. Si la conscience, qui me trompe, t'a trompé aussi, plus qu'un prêtre, j'ai, dans cette circonstance, le droit de te pardonner; et, en mon nom et en celui de mon père, je te pardonne!

— Merci! merci! s'écria le vieillard en pressant les mains du jeune homme; merci! car voilà des paroles comme il en faut à l'âme d'un mourant. Un remords est une chose terrible, vois-tu! un remords conduit à douter de Dieu. Car, une fois qu'il n'y a plus de juge, il n'y a plus de jugement.

— Écoute, dit Paul avec cet accent poétique et solennel qui lui était particulier; moi aussi j'ai souvent douté de Dieu. Car, isolé et perdu comme je l'étais dans le monde, sans famille et sans appui sur la terre, je cherchais un appui dans le Seigneur, et je demandais à tout ce qui m'entourait une preuve de son existence. Souvent je m'arrêtais au pied de l'une de ces croix qui bordent le chemin, et, les yeux fixés sur le Sauveur des hommes, je demandais en pleurant une certitude de son existence et de sa mission; je demandais que son œil s'abaissât vers moi; je demandais qu'une goutte de sang tombât de sa blessure, ou qu'un soupir sortît de sa bouche. Le crucifix restait immobile, et je me relevais le désespoir dans le cœur en disant : Si je savais où trouver la tombe de mon père, je l'interrogerais comme Hamlet le fantôme, et elle me répondrait peut-être!

— Pauvre enfant!

— Alors, j'entrais dans une église, continua Paul, dans une de ces églises du Nord, tu sais, sombre, religieuse, chrétienne. Et je me sentais inondé de tristesse; mais la tristesse n'est pas la foi! Je m'approchais de l'autel, je m'agenouillais devant le tabernacle où l'on dit que Dieu habite; j'appuyais mon front contre le marbre des marches; et lorsque j'étais resté prosterné, perdu dans mon doute pendant des heures, je relevais la tête, espérant que ce Dieu que je cherchais se manifesterait enfin à moi par un rayon de sa gloire, ou par un éclair de sa puissance. Mais l'église restait sombre comme le crucifix était resté immobile, et je me précipitais sous son portique comme un insensé, en disant : « Seigneur! Seigneur! si tu existais, tu te révélerais aux hommes. Tu veux donc que les hommes doutent de toi, puisque tu peux te révéler à eux, et que tu ne le fais pas. »

— Prends garde à ce que tu me dis, Paul, s'écria le vieillard; prends garde que le doute de ton cœur n'atteigne le mien! Tu as du temps pour croire, toi, tandis que moi... je vais mourir!

— Attends, père, attends, continua Paul avec une voix douce et un visage calme, je n'ai pas fini. C'est alors que je me suis dit : « Le crucifix du chemin, l'église des villes, sont l'œuvre de l'homme. Cherchons Dieu dans l'œuvre de Dieu. » Dès ce moment, mon père, a commencé cette vie errante qui restera un mystère éternel entre le ciel, la mer et moi... Elle m'a égaré dans les solitudes de l'Amérique, car je pensais que plus un monde était nouveau, plus il avait dû garder empreinte la main de Dieu! Je ne m'étais pas trompé. Là, souvent, dans ces forêts vierges où le premier peut-être parmi les hommes j'avais pénétré, sans autre abri que le ciel, sans autre couche que la terre, abîmé dans une seule pensée, j'ai écouté ces mille bruits divers du monde qui s'endort et de la nature qui s'éveille. Longtemps encore je suis resté sans comprendre cette langue inconnue que forment en se mêlant ensemble le murmure des fleuves, la vapeur des lacs, le bruissement des forêts et le parfum des fleurs. Enfin peu à peu se souleva le voile qui couvrait mes yeux, et le poids qui oppressait mon cœur. Dès lors je commençai à croire que ces rumeurs du soir et ces bruits du crépuscule n'étaient qu'un hymne universel par lequel les choses créées rendaient grâces au Créateur.

— Mon Dieu! dit le mourant, joignant les mains et levant les yeux au ciel avec l'expression de la foi; mon Dieu! j'ai crié vers vous du fond de l'abîme, et vous m'avez entendu dans ma détresse! mon Dieu, je vous remercie!

— Alors, continua Paul avec une exaltation croissante, alors j'ai cherché sur l'Océan ce reste de conviction que me refusait la terre. La terre, ce n'est que l'espace; l'Océan, c'est l'immensité. L'Océan, c'est ce qu'il y a de plus grand, de plus fort et de plus puissant après Dieu! L'Océan, je l'ai entendu rugir comme un lion irrité, puis, à la voix de son maître, se coucher comme un chien soumis; je l'ai senti se dresser comme un Titan qui veut escalader le ciel, puis, sous le fouet de l'orage, je l'ai entendu se plaindre comme un enfant qui pleure. Je l'ai vu lancer des vagues au-devant de l'éclair, et essayer d'éteindre la foudre avec son écume, puis s'aplanir comme un miroir, et réfléchir jusqu'à la dernière étoile du ciel. Sur la terre, j'avais reconnu l'existence de Dieu; sur l'Océan, je reconnus son pouvoir. Dans la solitude, comme Moïse, j'avais entendu la voix du Seigneur; mais, pendant l'orage, je le vis, comme Ézéchiel, passer avec la tempête. Dès lors, mon père, dès lors, le doute fut à jamais chassé loin de moi, et, le soir du premier ouragan, je crus et je priai.

— Je crois en Dieu tout-puissant, créateur du ciel et de la terre, dit le vieillard d'une voix ardente de foi; et il continua ainsi le Symbole des apôtres jusqu'à sa dernière ligne. Paul l'écouta en silence et les yeux au ciel; puis, lorsque le mourant eut fini :

— Ce n'est point ainsi qu'un prêtre t'eût parlé, père, dit-il en secouant la tête; car, moi, je t'ai parlé en marin et avec une voix plus habituée à prononcer des paroles de mort que de consolation. Pardonne-moi, père, pardonne-moi.

— Tu m'as fait prier et croire comme toi, répondit le vieillard; dis-moi, qu'aurait donc fait de plus un prêtre? Ce que tu m'as dit est simple et grand : laisse-moi penser à ce que tu m'as dit.

— Écoute! dit Paul en tressaillant.

— Quoi?

— N'as-tu pas entendu?...

— Non.

— Il m'a semblé qu'une voix en détresse... m'appelait... Entends-tu? entends-tu?... C'est la voix de Marguerite!...

— Va au-devant d'elle, lui dit le vieillard, j'ai besoin d'être seul.

Paul s'élança dans la chambre voisine, et, comme il y mettait le pied, il entendit son nom répété une troisième fois tout auprès de l'entrée. Courant alors à la porte, il l'ouvrit avec empressement, et, sur le seuil, il trouva Marguerite, à qui la force avait manqué pour aller plus loin, et qui était tombée à genoux.

— A moi! à moi! cria-t-elle avec l'expression de la plus profonde terreur en apercevant Paul, et en se traînant vers lui.

XV.

Paul s'élança vers Marguerite et la prit dans ses bras; elle était pâle et glacée. Il l'emporta dans la première chambre, la déposa sur un fauteuil, retourna fermer la porte, qui était restée ouverte; puis revenant près d'elle :

— Que craignez-vous? lui dit-il; qui vous poursuit, et comment venez-vous à cette heure?

— Oh! s'écria Marguerite, à toute heure du jour et de la nuit, j'aurais fui tant que la terre aurait pu me porter! J'aurais fui jusqu'à ce que je trouvasse un cœur pour y pleurer, un bras pour me défendre! J'aurais fui!... Paul! Paul! mon père est mort.

—Pauvre enfant! dit Paul en serrant la jeune fille dans ses bras. Pauvre enfant! qui s'échappe d'une maison mortuaire pour retomber dans une autre! qui laisse la mort au château et qui la retrouve dans la chaumière!

— Oui, oui, dit Marguerite, se levant, frémissante encore de terreur et se pressant contre Paul. La mort là-bas! la mort ici! Mais là-bas on meurt dans le désespoir, tandis qu'ici... ici l'on meurt tranquille. O Paul! Paul! oh! si vous aviez vu ce que j'ai vu!

— Dites-moi cela.

— Vous savez, continua la jeune fille, quelle influence terrible ont eue sur mon père votre voix et votre présence?

— Je le sais.

— On l'a emporté évanoui et sans parole dans son appartement.

— C'était à votre mère que je parlais, dit Paul; c'est lui qui a entendu : ce n'est point ma faute.

— Eh bien! vous comprenez, Paul, puisque vous avez dû tout entendre du cabinet où vous étiez. Mon père, mon pauvre père m'avait reconnue; et moi, le voyant ainsi, je n'ai pu résister à mon inquiétude; et, au risque d'irriter ma mère, je suis montée pour le voir une fois encore. La porte était fermée; je frappai doucement : il était revenu à lui, car j'entendis sa voix affaiblie demandant qui était là.

— Et votre mère? demanda Paul.

— Ma mère? dit Marguerite; elle était absente et l'avait enfermé en sortant, comme elle aurait fait d'un enfant. Mais lorsqu'il eut reconnu ma voix, lorsque je lui eus répondu que j'étais Marguerite, que j'étais sa fille, il me dit de prendre un escalier dérobé, qui, par un cabinet, montait dans sa chambre. Une minute après, j'étais à genoux devant son lit, et il me donnait sa bénédiction; car il m'a donné sa bénédiction avant de mourir, sa bénédiction paternelle, qui, je l'espère, appellera celle de Dieu.

— Oui, dit Paul, Dieu te pardonnera, sois tranquille. Pleure sur ton père, mon enfant, mais ne pleure plus sur toi, car tu es sauvée!

— Vous n'avez rien entendu encore, Paul! s'écria Marguerite; écoutez! écoutez!

— Parle.

— Voilà qu'en ce moment, comme j'étais agenouillée, comme je baisais sa main, en ce moment j'entendis les pas de ma mère; elle montait l'escalier; je reconnus sa voix, et mon père la reconnut aussi, car il m'embrassa une dernière fois, et me fit signe de fuir. J'obéis, mais j'avais la tête si perdue, si troublée, que je me trompai de porte, et qu'au lieu de prendre l'escalier par lequel j'étais venue, je me jetai dans un cabinet sans issue. Je tâtai de tous les côtés, je vis que j'étais enfermée. En ce moment, la porte de la chambre s'ouvrait : je m'arrêtai, retenant mon haleine; ma mère entra avec le prêtre. Je vous le dis, Paul, elle était plus pâle que celui qui allait mourir.

— Mon Dieu! mon Dieu! murmura Paul.

— Le prêtre s'assit au chevet du lit, continua Marguerite se pressant toujours plus effrayée contre Paul. Ma mère se tint debout au pied. Comprenez-vous? J'étais là, moi, en face de ce spectacle funèbre! ne pouvant fuir! Une fille forcée d'entendre la confession de son père! n'est-ce pas affreux? dites. Je tombai à genoux, fermant les yeux pour ne pas voir, priant pour ne pas entendre; et cependant, malgré moi, oh! bien malgré moi, Paul, je vous le jure! je vis... et j'entendis... et ce que je vis et entendis ne sortira jamais de ma mémoire! Je vis mon père, retrouvant dans ses souvenirs une force fiévreuse, se soulever sur son lit, la pâleur de la mort empreinte sur son visage. Je l'entendis!... je l'entendis prononcer les mots de duel, d'adultère et d'assassinat!... et à chacun de ces mots, je vis ma mère plus pâle, toujours plus pâle, et je l'entendis, haussant la voix pour couvrir la voix du mourant, et disant au prêtre : « Ne le croyez pas! ne le croyez pas, mon père!... il ment! ou plutôt... c'est un fou, c'est un insensé! ne le croyez pas! Paul, c'était un spectacle horrible, sacrilége, impie!... Une sueur froide me passa sur le front, et je m'évanouis. »

— Justice du ciel! s'écria Paul.

— Je ne sais combien de temps je restai sans connaissance. Lorsque je revins à moi, la chambre était silencieuse comme une tombe. Ma mère et le prêtre avaient disparu, et deux cierges brûlaient près de mon père. J'ouvris la porte, je jetai les yeux sur le lit, et il me sembla, sous le drap qui le recouvrait tout entier, voir se dessiner la forme raidie d'un cadavre. Je devinai que tout était fini! Je restai immobile, partagée entre la crainte funèbre que me causait cette vue, et le désir pieux de soulever le drap et de baiser une fois encore, avant qu'on le scellât dans le cercueil, le front vénérable de mon père. Enfin, la crainte l'emporta; une terreur glaçante, invincible, mortelle, me poussa hors de l'appartement; je descendis l'escalier, je ne sais comment, sans en toucher une marche, je crois; je traversai des chambres, des galeries, et enfin je sentis à la fraîcheur de l'air que j'étais dehors. Je courais comme une folle. Je me rappelai que vous m'aviez dit que vous seriez ici. Un instinct, dites-moi lequel, car je ne le connais pas moi-même, me poussait de ce côté. Il me semblait que j'étais poursuivie par des ombres, par des fantômes. Au détour d'une allée... étais-je insensée?... je crois voir ma mère... tout en noir... marchant sans bruit comme un spectre. Oh! alors, alors... la terreur me donna des ailes. Je courus d'abord sans suivre de chemin; puis les forces me manquèrent, et c'est alors que vous avez entendu mes cris. Je fis encore quelques pas, et je tombai près de cette porte; si elle ne s'était pas ouverte, oh! oui, j'expirais sur la place, car j'étais tellement troublée, qu'il me semblait toujours... Silence! murmura tout à coup Marguerite; silence!... entendez-vous?

— Oui, dit Paul soufflant la lampe; oui, oui, des pas!... Je les entends comme vous.

— Regardez... regardez!... continua Marguerite s'enveloppant dans les rideaux de la fenêtre, et y cachant Paul avec elle, regardez!... je ne m'étais pas trompée. C'était elle.

En effet, en ce moment la porte de la maison s'ouvrit, et la marquise, vêtue de noir, pâle comme une ombre, entra lentement, tira la porte derrière elle, la ferma à la clef, et, sans voir Paul ni Marguerite, traversa la première chambre, et entra dans la seconde, où était couché le vieillard. Elle s'avança alors vers le lit d'Achard comme elle s'était avancée vers le lit du marquis. Seulement, cette fois, elle n'avait pas de prêtre avec elle.

— Qui va là? dit Achard, ouvrant un des rideaux de son lit.

— Moi! répondit la marquise en tirant l'autre.

— Vous, madame! s'écria le vieux serviteur avec effroi. Que venez-vous faire au lit d'un mourant?

— Je viens lui proposer un marché.

— Pour prendre son âme, n'est-ce pas?

— Pour la sauver, au contraire. Achard, tu n'as plus besoin que d'une chose en ce monde, continua la marquise en se baissant sur le lit du moribond, c'est d'un prêtre.

— Vous m'avez refusé celui du château.

— Dans cinq minutes, dit la marquise, il sera ici, si tu le veux!...

— Faites-le donc venir alors, répondit le vieillard; mais, croyez-moi, ne perdez pas de temps... hâtez-vous!...

— Mais... si je te donne la paix du ciel, reprit la marquise, me donneras-tu la paix de la terre, toi?

—Que puis-je pour vous? murmura le mourant, fermant les yeux pour ne pas voir cette femme dont le regard le glaçait.

— Tu as besoin d'un prêtre pour mourir... tu sais ce dont j'ai besoin pour vivre...

— Vous voulez me fermer le ciel par un parjure !...

— Je veux te l'ouvrir par un pardon.

— Ce pardon... je l'ai reçu...

— Et de qui?...

— De celui qui seul peut-être avait le droit de me le donner.

— Morlaix est-il descendu du ciel ? demanda la marquise avec un accent dans lequel il entrait presque autant de crainte que d'ironie.

— Non, répondit le vieillard; mais avez-vous oublié, madame, qu'il avait laissé un fils sur la terre?

— Tu l'as donc aussi vu, toi ? s'écria la marquise.

— Oui, répondit Achard.

— Et tu lui as tout dit...

— Tout!

—Et les papiers qui constatent sa naissance ? demanda la marquise avec anxiété.

— Le marquis n'était pas mort. Les papiers sont là.

— Achard, s'écria la marquise tombant à genoux devant le lit, Achard, tu auras pitié de moi !

— Vous à genoux devant moi, madame !

— Oui, vieillard, dit la marquise suppliante, oui, je suis à genoux devant toi, et je te prie, et je t'implore, car tu tiens entre tes mains l'honneur d'une des plus vieilles familles de France, ma vie passée, ma vie à venir !... Ces papiers, c'est mon cœur, c'est mon âme, c'est plus que tout cela, c'est mon nom ! le nom de mes aïeux, le nom de mes enfans ; et tu sais ce que j'ai souffert pour garder ce nom sans tache ! Crois-tu que je n'avais pas au cœur, comme les autres femmes, des sentimens d'amante, d'épouse et de mère! Eh bien! je les ai étouffés tous les uns après les autres, et la lutte a été longue. J'ai vingt ans de moins que toi, vieillard; je suis pleine de vie, et tu vas mourir. Eh bien ! regarde mes cheveux : ils sont plus blancs que les tiens!

— Que dit-elle? murmura Marguerite, qui s'était approchée de manière à ce que son regard pût plonger d'une chambre dans l'autre. Oh! mon Dieu!

— Écoute, écoute, enfant, répondit Paul; c'est le Seigneur qui permet que tout soit révélé de cette manière !...

— Oui, oui, murmura Achard s'affaiblissant; oui, vous avez douté de la bonté de Dieu; vous avez oublié qu'il avait pardonné à la femme adultère.

— Oui, mais lorsqu'ils rencontrèrent le Christ, les hommes allaient la lapider en attendant !... Les hommes qui, depuis vingt générations, se sont habitués à respecter mon nom et à honorer ma famille, et qui, s'ils apprenaient ce qui, Dieu merci ! leur a été caché jusqu'à présent, n'auraient plus pour lui que du mépris et de la honte! Oh! oui... Dieu... j'ai tant souffert qu'il me pardonnera; mais les hommes... les hommes sont implacables, ils ne pardonnent pas, eux! D'ailleurs, suis-je seule exposée à leurs injures? Aux deux côtés de ma croix n'ai-je pas mes deux enfans, dont l'autre est l'aîné!... L'autre, c'est mon enfant, je le sais bien, comme Emmanuel, comme Marguerite; mais ai-je le droit de le leur donner pour frère?... Oublies-tu qu'aux yeux de la loi il est le fils du marquis d'Auray? oublies-tu qu'il est le premier-né, le chef de la famille ? oublies-tu que, pour que tout lui appartienne, titre et fortune, il n'a qu'à invoquer cette loi ? Et alors, que reste-t-il à Emmanuel ? une croix de Malte ! Que reste-t-il à Marguerite ? un couvent !

— Oh! oui, oui, dit Marguerite à demi-voix et tendant les bras vers la marquise ; oui, un couvent où je puisse prier pour vous, ma mère.

— Silence! silence! lui dit Paul.

— Oh ! vous ne le connaissez pas, madame, murmura le mourant d'une voix qui allait s'affaiblissant toujours.

— Non, mais je connais l'humanité, répondit la marquise. Il peut retrouver un nom, lui qui n'a pas de nom; une fortune, lui qui n'a pas de fortune ; et tu crois qu'il renoncera à cette fortune et à son nom ?

— Si vous le lui demandez.

— Et de quel droit le lui demanderais-je ? continua la marquise. De quel droit le prierais-je de m'épargner, d'épargner Emmanuel, d'épargner Marguerite ? Il dira : « Je ne vous connais pas, madame, je ne vous ai jamais vue ! Vous êtes ma mère, voilà tout ce que je sais. »

— En son nom, balbutia Achard, dont la mort commençait à glacer la langue, en son nom, madame, je m'engage... je jure... Oh! mon Dieu! mon Dieu !

La marquise se souleva, suivant sur le visage du moribond les progrès de l'agonie.

— Tu t'engages !... tu jures !... dit-elle. Est-il là pour ratifier l'engagement, lui? Tu t'engages !... tu jures !... Ah ! et sur ta parole tu veux que je joue les années qu'il me reste à vivre contre les minutes qui te restent à mourir! Je t'ai prié, je t'ai imploré; une dernière fois je prie et j'implore : rends-moi ces papiers !

— Ces papiers sont à lui.

— Il me les faut, te dis-je! continua la marquise, prenant de la force à mesure que le mourant s'affaiblissait.

— Mon Dieu! mon Dieu! ayez pitié de moi! murmura Achard.

— Nul ne peut venir, reprit la marquise. Cette clef ne te quitte jamais, m'as-tu dit ?...

— L'arracherez-vous des mains d'un mourant?

— Non, répondit la marquise, j'attendrai.

— Laissez-moi mourir en paix! s'écria le moribond arrachant le crucifix de son chevet, et le levant entre lui et la marquise. Sortez! sortez! au nom du Christ!...

La marquise tomba à genoux, courbant la tête jusqu'à terre. Quant au vieillard, il resta un instant dans cette posture terrible; puis peu à peu ses forces l'abandonnèrent! il retomba sur le lit, mettant ses bras en croix et appuyant l'image du Sauveur sur sa poitrine.

La marquise prit le bas des rideaux du lit, et, sans relever la tête, elle les croisa de manière à ce qu'ils renfermassent l'agonie du mourant.

— Horreur! horreur! murmura Marguerite.

— A genoux et prions ! dit Paul.

Alors il y eut un moment solennel et terrible, qui n'était interrompu que par les derniers râles du moribond ; puis ces râles s'affaiblirent et cessèrent. Tout était fini : le vieillard était mort.

La marquise releva lentement la tête, écouta quelques minutes avec anxiété, puis introduisant, sans les ouvrir, la main à travers les rideaux, après quelques efforts elle la retira tenant la clef. Elle se leva alors en silence, et, la tête retournée du côté du lit, marcha vers l'armoire. Mais au moment où elle allait mettre la clef dans la serrure, Paul, qui suivait tous ses mouvemens, s'élança dans la chambre, et lui saisissant le bras :

— Donnez-moi cette clef, ma mère ! lui dit-il, car le marquis est mort, et ces papiers m'appartiennent.

— Justice de Dieu! s'écria la marquise en reculant d'épouvante et tombant sur un fauteuil; justice de Dieu ! c'est mon fils !

— Bonté du ciel! murmura Marguerite en tombant à genoux dans l'autre chambre; bonté du ciel! c'est mon frère!

Paul ouvrit l'armoire, et prit la cassette où étaient renfermés les papiers.

XVI.

Cependant, au milieu des événemens pressés de cette nuit, qui, en faisant assister Marguerite à deux agonies, l'avaient amenée si providentiellement à la découverte du secret de sa mère, Paul n'avait point oublié les paroles mortelles échangées la veille entre lui et Lectoure. Aussi, comme ce jeune gentilhomme n'aurait pas su sans doute où le retrouver, il jugea que c'était à lui de lui épargner les ennuis de la recherche, et, vers les six heures du matin, le lieutenant Walter se présenta au château d'Auray, venant, de la part de Paul, arrêter les conditions du combat. Il trouva Emmanuel chez Lectoure. Ce dernier, en apercevant l'officier, descendit dans le parc, afin de laisser les jeunes gens tout à fait libres dans leur discussion. Walter avait reçu de son chef l'ordre de tout accepter. Le débat préliminaire fut donc promptement terminé. Les jeunes gens convinrent que la rencontre aurait lieu le jour même à quatre heures du soir, sur le bord de la mer, près de la cabane du pêcheur située entre Port-Louis et le château d'Auray. Quant aux armes, on apporterait sur le terrain des pistolets et des épées; on déciderait alors desquels les adversaires devraient se servir : bien entendu que Lectoure étant l'insulté, le choix lui appartiendrait.

Quant à la marquise, écrasée comme nous l'avons vu d'abord par l'apparition inattendue de Paul, elle avait repris bientôt toute la fermeté de son caractère, et, tirant son voile sur sa figure, elle était sortie de la chambre mortuaire, et avait traversé la première pièce, restée sombre, sans lumière. Elle n'y avait donc pas aperçu Marguerite agenouillée, et muette d'étonnement et de terreur. Elle avait ensuite traversé le parc, et était rentrée dans le salon où s'était passée la scène du contrat; et là, à la lueur mourante des bougies, les deux coudes appuyés sur la table, la tête posée sur ses mains, les yeux fixés sur le papier où Lectoure avait déjà signé son nom et le marquis écrit la moitié du sien, elle avait passé le reste de la nuit à mûrir une résolution nouvelle; elle avait ainsi vu venir le jour sans avoir pensé à prendre le moindre repos, tant cette âme de bronze soutenait le corps où elle était enfermée. Cette résolution était d'éloigner au plus vite Emmanuel et Marguerite du château d'Auray, car c'était à ses enfans surtout qu'elle voulait cacher ce qui allait probablement se passer entre Paul et elle.

A sept heures, entendant le bruit que faisait le lieutenant Walter en se retirant, elle étendit la main, prit une clochette, et sonna. Un domestique se présenta à la porte avec la livrée de la veille; on voyait que lui non plus il ne s'était point couché.

— Prévenez mademoiselle d'Auray que sa mère l'attend au salon, dit la marquise.

Le valet obéit, et la marquise reprit, morne et immobile, sa première attitude. Un instant après elle entendit un léger bruit derrière elle et se retourna. C'était Marguerite. La jeune fille, avec plus de respect qu'elle ne l'avait jamais fait peut-être, étendit la main vers sa mère, afin que celle-ci lui donnât la sienne à baiser. Mais la marquise resta sans mouvement, comme si elle n'eût pas compris l'intention de sa fille. Marguerite laissa retomber sa main et attendit en silence. Elle aussi portait le même vêtement que la veille. Le sommeil avait passé sur le monde, oubliant le château d'Auray et ses hôtes.

— Approchez, dit la marquise. Marguerite fit un pas.

— Pourquoi, continua la marquise, êtes-vous ainsi pâle et tremblante?

— Madame! murmura Marguerite.

— Parlez! dit la marquise.

— La mort de mon père, si prompte, si inattendue! balbutia Marguerite. Enfin j'ai beaucoup souffert cette nuit!

— Oui, oui, dit la marquise d'une voix sourde et en fixant sur Marguerite des regards qui n'étaient pas dénués de tout intérêt; oui, le jeune arbre plie et s'effeuille sous le vent. Il n'y a que le vieux chêne qui résiste à toutes les tempêtes. Moi aussi, Marguerite, j'ai souffert! moi aussi, j'ai eu une nuit terrible! Et cependant vous me voyez calme et ferme.

— Dieu vous a fait une âme forte et sévère, madame, dit Marguerite; mais il ne faut pas demander la même force et la même sévérité aux âmes des autres. Vous les briseriez.

— Aussi, dit la marquise, laissant retomber sa main sur la table, je ne demande à la vôtre que l'obéissance. Marguerite, le marquis est mort; Emmanuel est maintenant le chef de la famille; vous allez à l'instant même partir pour Rennes avec Emmanuel.

— Moi! s'écria Marguerite! moi, partir pour Rennes! Et pourquoi?...

— Parce que, répondit la marquise, la chapelle du château est trop étroite pour contenir à la fois les fiançailles de la fille et les funérailles du père.

— Ma mère, dit Marguerite avec un accent indéfinissable, ce serait une piété, ce me semble, que de mettre plus d'intervalle entre deux cérémonies aussi opposées.

— La véritable piété, reprit la marquise, c'est d'accomplir les dernières volontés des morts. Jetez les yeux sur ce contrat, et voyez-y les premières lettres du nom de votre père.

— Oh! je vous le demande, madame, mon père, lorsqu'il a tracé ces lettres que la mort est venue interrompre, mon père avait-il bien toute sa raison, toute sa volonté?

— Je l'ignore, mademoiselle, répondit la marquise avec ce ton impératif et glacé qui lui avait jusqu'alors soumis tout ce qui l'entourait; je l'ignore; mais ce que je sais, c'est que l'influence qui le faisait agir lui survit; ce que je sais, c'est que les parens, tant qu'ils existent, représentent Dieu sur la terre. Or, Dieu m'a ordonné de terribles choses, et j'ai obéi. Faites comme moi, mademoiselle, obéissez!

— Madame, dit Marguerite, toujours debout, mais immobile cette fois, et avec quelque chose de cet accent arrêté si terrible chez sa mère, et que celle-ci lui avait transmis avec son sang; madame, il y a trois jours que, les larmes dans les yeux, le désespoir dans le cœur, je me traîne sur mes genoux, des pieds d'Emmanuel à ceux de cet homme, et des pieds de cet homme à ceux de mon père. Aucun n'a voulu ou n'a pu m'entendre, car l'ambition ardente ou la folie acharnée était là, couvrant ma voix. Enfin me voilà arrivée en face de vous, ma mère. Vous êtes la dernière que je puisse implorer, mais aussi vous êtes celle qui devez le mieux m'entendre. Écoutez donc bien ce que je vais vous dire. Si je n'avais à sacrifier à votre volonté que mon bonheur, je le sacrifierais; que mon amour, je le sacrifierais encore; mais j'ai à vous sacrifier... mon fils. Vous êtes mère; et moi aussi, madame!

— Mère!... mère!... murmura la marquise; mère... par une faute!

— Enfin je le suis, madame; et le sentiment de la maternité n'a pas besoin d'être sanctifié pour être saint. Eh bien! madame, dites-moi, — car mieux que moi vous devez savoir ces choses, — dites-moi : si ceux qui nous ont donné le jour ont reçu de Dieu une voix qui parle à notre cœur, ceux qui sont nés de nous n'ont-ils pas une voix pareille? et quand ces deux voix se contredisent, à laquelle des deux faut-il obéir?

— Vous n'entendrez jamais la voix de votre enfant, répondit la marquise, car vous ne le reverrez jamais.

— Je ne reverrai jamais mon fils!... s'écria Marguerite; et qui peut en répondre, madame?

— Lui-même ignorera qui il est.

— Et s'il le sait un jour!... dit Marguerite, vaincue dans son respect de fille par la dureté de sa mère; et s'il vient alors me demander compte de sa naissance!... Cela peut arriver, madame!

Elle prit la plume.

— Et dans cette alternative, dites, faut-il que je signe?

— Signez, dit la marquise.

— Mais, continua Marguerite en posant sa main crispée et tremblante sur le contrat, si mon mari apprend un jour l'existence de cet enfant! s'il demande raison à mon amant de la tache faite à son nom et à son honneur!... si, dans un duel acharné, solitaire et sans témoins... dans un duel à mort, il tuait cet amant, et que, tourmenté par sa conscience, poursuivi par une voix qui sortirait de la tombe, mon mari perdit la raison!

— Taisez-vous! dit la marquise épouvantée, mais sans savoir encore si le hasard ou quelque révélation inconnue dictait les paroles de sa fille; taisez-vous!

— Vous voulez donc, continua Marguerite, qui en avait trop dit pour s'arrêter, vous voulez donc que, pour conserver pur et sans tache mon nom et celui de mes autres enfans, je m'enferme avec un insensé! Vous voulez donc que j'écarte de moi et de lui tout être vivant! que je me fasse un cœur de fer pour ne plus sentir! des yeux de bronze pour ne plus pleurer! Vous voulez donc que je me couvre de deuil comme une veuve, avant que mon mari soit mort!... Vous voulez donc que mes cheveux blanchissent vingt ans avant l'âge!

— Taisez-vous! taisez-vous!... interrompit la marquise d'une voix où l'on sentait que la menace commençait de céder à la crainte; taisez-vous!

— Vous voulez donc, reprit Marguerite emportée par l'amertume de sa douleur, vous voulez donc, pour que ce terrible secret meure avec ceux qui le gardent, que j'écarte de leur lit funéraire les médecins et les prêtres!... Vous voulez donc enfin que j'aille d'agonie en agonie pour fermer moi-même, non pas les yeux, mais la bouche des moribonds!...

— Taisez-vous! dit la marquise en se tordant les bras; au nom du ciel, taisez-vous!

— Eh bien! continua Marguerite, dites-moi donc encore de signer, ma mère, et tout cela sera. Et alors la malédiction du Seigneur sera accomplie : Et les fautes des pères retomberont sur leurs enfans jusqu'à la troisième et à la quatrième génération!

— O mon Dieu! mon Dieu! s'écria la marquise éclatant en sanglots, suis-je assez abaissée! suis-je assez punie!

— Pardon, pardon, madame, dit Marguerite rendue à elle-même par les premières larmes de sa mère, en tombant à genoux; pardon! pardon!

— Oui, pardon, répondit la marquise marchant à Marguerite; demande pardon, fille dénaturée, qui a pris le fouet des mains de la vengeance éternelle, et qui en as frappé ta mère au visage!

— Grâce! grâce! s'écria Marguerite; je ne savais pas ce que je disais, ma mère! Vous m'aviez fait perdre la raison! J'étais folle!...

— O mon Dieu! mon Dieu! dit la marquise levant ses deux mains au-dessus de la tête de sa fille; vous avez entendu les paroles qui sont sorties de la bouche de mon enfant; je n'ose pas espérer que votre miséricorde ira jusqu'à les oublier, mon Dieu! mais au moment de la punir, souvenez-vous que je ne la maudis pas!

Alors elle s'avança vers la porte; sa fille essaya de la retenir, mais la marquise se retourna vers elle avec une expression de visage si terrible, que, sans qu'elle eût besoin de le lui ordonner, Marguerite lâcha le bord de la robe de sa mère, et resta les bras étendus vers elle, haletante et sans voix, jusqu'à ce que la marquise fût sortie; puis, aussitôt qu'elle eût cessé de la voir, elle se renversa en arrière avec un cri si douloureux, qu'on eût cru que cette âme qui avait tant souffert venait enfin de se briser.

XVII.

Nos lecteurs s'étonneront peut-être qu'après la manière outrageuse dont Paul avait, la veille, provoqué le baron de Lectoure, la rencontre n'eût pas été fixée au matin même; mais le lieutenant Walter, qui s'était chargé de régler les conditions du duel avec le comte d'Auray, avait, comme nous l'avons dit, reçu de son chef l'ordre de faire toutes les concessions, excepté une seule : Paul ne voulait se battre qu'à la fin de la journée.

C'est que le jeune capitaine avait compris que, jusqu'au moment où il aurait dénoué ce drame étrange, dans lequel, mêlé d'abord comme étranger, il se trouvait enfin posé comme chef de famille, sa vie ne lui appartenait pas, et qu'il n'avait pas le droit de la risquer. Au reste, comme on le voit, le terme qu'il s'était accordé à lui-même n'était pas long, et Lectoure, qui ignorait dans quel but son adversaire s'était réservé ce délai, l'avait accepté sans trop se plaindre. Paul avait donc résolu de mettre à profit les instans. En conséquence, aussitôt qu'il crut l'heure convenable pour se présenter chez la marquise, il s'achemina vers le château.

Les événemens de la veille et du jour même avaient répandu un si grand trouble dans la noble demeure, qu'il y entra sans trouver un domestique pour l'annoncer; il pénétra néanmoins dans les appartemens, suivit le chemin qu'il avait déjà fait deux fois, et, en arrivant à la porte du salon, trouva sur le plancher Marguerite évanouie.

En voyant le contrat froissé sur la table et sa sœur sans connaissance, Paul devina facilement qu'une dernière scène, plus terrible, venait de se passer entre la mère et la fille. Il alla à sa sœur, la prit entre ses bras, et entr'ouvrit la fenêtre pour lui donner de l'air. L'état de Marguerite était plutôt une simple prostration de forces qu'un évanouissement réel. Aussi, dès qu'elle se sentit secourue avec une attention qui ne laissait pas de doute sur les sentimens de celui qui venait à son aide, elle rouvrit les yeux et reconnut son frère, cette providence vivante que Dieu lui avait envoyée pour la soutenir chaque fois qu'elle s'était sentie près de succomber.

Marguerite lui raconta comment sa mère avait voulu la forcer de signer ce contrat, afin de l'éloigner d'elle avec son frère; et comment, vaincue par la douleur et emportée par la situation, elle lui avait laissé voir qu'elle savait tout. Paul comprit ce qui devait, à cette heure, se passer dans le cœur de la marquise, qui, après vingt ans de silence, d'isolement et d'angoisses, voyait, sans qu'elle pût deviner de quelle manière la chose s'était faite, son secret révélé à l'une des deux personnes à qui elle avait le plus d'intérêt à le cacher. Aussi, prenant en pitié le supplice de sa mère, il résolut de le faire cesser au plus tôt, en hâtant l'entrevue qu'il était venu chercher, et qui devait l'éclairer sur les intentions de ce fils dont elle avait tout fait pour neutraliser le retour. Marguerite, de son côté, avait son pardon à obtenir; elle se chargea donc d'aller prévenir sa mère que le jeune capitaine attendait ses ordres.

Paul était resté seul, adossé contre la haute cheminée au-dessus de laquelle était sculpté le blason de sa famille, et commençait à se perdre dans les pensées que faisaient naître en lui les événemens successifs et pressés qui venaient de le faire l'arbitre souverain de toute cette maison, lorsque la porte latérale s'ouvrit tout à coup, et que Emmanuel parut, une boîte de pistolets à la main. Paul tourna les yeux de son côté, et apercevant le jeune homme, il le salua de la tête avec cette expression douce et fraternelle qui reflétait sur son visage la douce sérénité de son âme. Emmanuel, au contraire, tout en répondant à ce salut comme l'exigeaient les convenances, laissa à l'instant même lire sur sa figure le sentiment hostile qu'éveillait en lui la présence de l'homme qu'il regardait comme un ennemi personnel et acharné.

— J'allais à votre recherche, monsieur, dit Emmanuel, posant les pistolets sur la table, et s'arrêtant à quelque distance de Paul; et cela, cependant, continua-t-il, sans trop savoir où vous trouver : car, ainsi que les mauvais génies de nos traditions populaires, vous semblez avoir reçu le don d'être partout et de n'être nulle part. Enfin, un domestique m'a assuré vous avoir vu entrer au château. Je vous remercie de m'avoir épargné la peine que j'avais résolu de prendre, en venant, cette fois encore, au devant de moi.

— Je suis heureux, répondit Paul, que mon désir, dans ce cas, quoique probablement inspiré par des causes différentes, ait été en harmonie avec le vôtre. Me voilà, que voulez-vous de moi?

— Ne le devinez-vous pas, monsieur? répondit Emmanuel avec une émotion croissante. En ce cas, et permettez-moi de m'en étonner, vous connaissez bien mal les devoirs d'un gentilhomme et d'un officier, et c'est une nouvelle insulte que vous me faites!

— Croyez-moi, Emmanuel, reprit Paul d'une voix calme...

— Hier, je m'appelais le comte, aujourd'hui je m'appelle le marquis d'Auray, interrompit Emmanuel avec un mouvement méprisant et hautain; ne l'oubliez pas, je vous prie, monsieur!

Un sourire presque imperceptible passa sur les lèvres de Paul.

— Je disais donc, continua Emmanuel, que vous connaissiez bien peu les sentimens d'un gentilhomme, si vous aviez pu croire que je permettais qu'un autre que moi vidât pour moi la querelle que vous êtes venu me chercher. Oui, monsieur, car c'est vous qui êtes venu vous jeter sur ma route, et non pas moi qui suis allé vous trouver.

— Monsieur le marquis d'Auray, dit en souriant Paul, oublie sa visite à bord de l'*Indienne*.

— Trève d'arguties, monsieur! et venons au fait. Hier, je ne sais par quel sentiment étrange et inexplicable, lorsque je vous ai offert, je dirai non pas ce que tout gentilhomme, ce que tout officier, mais simplement ce que tout homme de cœur accepte à l'instant sans balancer, vous avez refusé, monsieur, et, déplaçant la provocation, vous êtes allé chercher derrière moi un adversaire, non pas précisément étranger à la querelle, mais que le bon goût défendait d'y mêler.

— Croyez qu'en cela, monsieur, répondit Paul avec le même calme et la même liberté d'esprit qu'il avait fait paraître jusqu'alors, j'obéissais à des exigences qui ne me laissaient pas le choix de l'adversaire. Un duel m'était offert par vous, que je ne pouvais pas accepter avec vous, mais qui me devenait indifférent avec tout autre; j'ai trop l'habitude des rencontres, monsieur, et de rencontres bien autrement terribles et mortelles, pour qu'une pareille affaire soit à mes yeux autre chose qu'un des accidens habituels de mes aventureuses journées. Seulement, rappelez-vous que ce n'est pas moi qui ai cherché ce duel; que c'est vous qui êtes venu me l'offrir, et que, ne pouvant pas, je vous le répète, me battre avec vous, j'ai pris monsieur de Lectoure, comme j'aurais pris monsieur de Nozay ou monsieur de Lajarry, parce qu'il se trouvait là, sous ma main, à ma portée, et que, s'il me fallait absolument tuer quelqu'un, j'aimais mieux tuer un fat inutile et insolent, qu'un brave et honnête gentilhomme campagnard qui se croirait déshonoré s'il rêvait qu'il accomplit en songe le marché infâme que le baron de Lectoure vous propose en réalité.

— C'est bien, monsieur! dit Emmanuel en riant; continuez à vous poser comme redresseur de torts, à vous constituer le chevalier des princesses opprimées, et à vous retrancher sous le bouclier fantastique de vos mystérieuses réponses! Tant que ce don-quichottisme suranné ne viendra pas se heurter à mes désirs, à mes intérêts, à mes engagemens, je lui laisserai parcourir terre et mer, aller d'un pôle à l'autre, et je me contenterai de sourire en le regardant passer; mais dès que cette folie viendra s'attaquer à moi, comme l'a fait la vôtre, monsieur; dès que, dans l'intérieur d'une famille dont je suis le chef, je rencontrerai un inconnu qui ordonne en maître là où moi seul ai le droit de parler haut, j'irai à lui, comme je viens à vous, si j'ai le bonheur de le rencontrer seul comme je vous rencontre; et là, certain que nul ne viendra nous déranger avant la fin d'une explication devenue nécessaire, je lui dirai: « Vous m'avez, sinon insulté, du moins blessé, monsieur, en venant chez moi me heurter dans mes intérêts et mes affections de famille. C'est donc avec moi, et non avec un autre, que vous devez vous battre, et vous vous battrez! »

— Vous vous trompez, Emmanuel, répondit Paul; je ne me battrai pas, du moins avec vous. La chose est impossible.

— Eh! monsieur, le temps des énigmes est passé! s'écria Emmanuel avec impatience: nous vivons au milieu d'un monde où à chaque pas on coudoie une réalité. Laissons donc la poésie et le mystérieux aux auteurs de romans et de tragédies. Votre présence en ce château a été marquée par d'assez fatales circonstances pour que nous n'ayons plus besoin d'ajouter ce qui n'est pas à ce qui est. Lusignan de retour malgré l'ordre qui le condamne à la déportation: ma sœur pour la première fois rebelle aux volontés de sa mère; mon père tué par votre seule présence: voilà les malheurs qui vous ont accompagné, qui sont revenus de l'autre bout du monde avec vous, comme un cortége funèbre, et dont vous avez à me rendre compte! Ainsi, parlez, monsieur: parlez comme un homme à un homme, en plein jour, face à face, et non pas en fantôme qui glisse dans l'ombre, échappe à la faveur de la nuit, en laissant tomber quelque mot de l'autre monde, prophétique et solennel, bon à effaroucher des nourrices et des enfans! Parlez, monsieur, parlez! Voyez, voyez, je suis calme. Si vous avez quelque révélation à me faire, je vous écoute.

— Le secret que vous me demandez ne m'appartient pas, répondit Paul, dont le calme contrastait avec l'exaltation d'Emmanuel. Croyez à ce que je vous dis, et n'insistez pas davantage. Adieu.

A ces mots, Paul fit un mouvement pour se retirer.

— Oh! s'écria Emmanuel en s'élançant vers la porte et en lui barrant le passage, vous ne sortirez pas ainsi, monsieur! Je vous tiens seul à seul, dans cette chambre, où je ne vous ai pas attiré, mais où vous êtes venu. Faites donc attention à ce que je vais vous dire. Celui que vous avez insulté, c'est moi! celui à qui vous devez réparation, c'est moi! celui avec qui vous vous battrez, c'est...

— Vous êtes fou, monsieur! répondit Paul; je vous ai déjà dit que c'était impossible. Laissez-moi donc sortir.

— Prenez garde! s'écria Emmanuel en étendant la main vers la boîte et en y prenant les deux pistolets, prenez garde, monsieur! Après avoir fait tout au monde pour vous forcer d'agir en gentilhomme, je puis vous traiter en brigand! Vous êtes ici dans une maison qui vous est étrangère; vous y êtes entré je ne sais ni pourquoi ni comment; si vous n'êtes pas venu pour y dérober notre or et nos bijoux, vous y êtes venu pour voler l'obéissance d'une fille à sa mère, et la promesse sacrée d'un ami à un ami. Dans l'un ou l'autre cas, vous êtes un ravisseur que je rencontre au moment où il met la main sur un trésor, trésor d'honneur, le plus précieux de tous. Tenez, croyez-moi, prenez cette arme...— Emmanuel jeta un des deux pistolets aux pieds de Paul; — et défendez-vous!

— Vous pouvez me tuer, monsieur, répondit Paul en s'accoudant de nouveau contre la cheminée, comme s'il continuait une conversation ordinaire, quoique je ne pense pas que Dieu permette un si grand crime; mais vous ne me forcerez pas à me battre avec vous. Je vous l'ai dit et je vous le répète.

— Ramassez ce pistolet, monsieur, dit Emmanuel; ramassez-le, je vous le dis! Vous croyez que la menace que je vous fais est une menace vaine: détrompez-vous. Depuis trois jours vous avez lassé ma patience! depuis trois jours vous avez rempli mon cœur de fiel et de haine! depuis trois jours enfin, je me suis familiarisé avec toutes les idées qui peuvent me débarrasser de vous: duel ou meurtre! Ne croyez pas que la crainte du châtiment m'arrête: ce château est isolé, muet et sourd. La mer est là, et vous ne serez pas encore dans la tombe, que je serai déjà en Angleterre. Ainsi, monsieur, une dernière, une suprême fois, ramassez ce pistolet et défendez-vous!

Paul, sans répondre, haussa les épaules et repoussa le pistolet du pied.

— Eh bien! dit Emmanuel, poussé au plus haut degré de l'exaspération par le sang-froid de son adversaire, puisque tu ne veux pas te défendre comme un homme, meurs donc comme un chien!

Et il leva le pistolet à la hauteur de la poitrine du capitaine.

Au même instant un cri terrible retentit à la porte : c'était Marguerite qui revenait et qui, du premier coup d'œil, avait tout compris. Elle s'élança sur Emmanuel. En même temps le coup partit ; mais la balle, dérangée par l'action de la jeune fille, passa à deux ou trois pouces au-dessus de la tête de Paul, et alla briser derrière lui la glace de la cheminée.

— Mon frère ! s'écria Marguerite en s'élançant d'un seul bond jusqu'à Paul et le prenant dans ses bras ; mon frère ! n'es-tu pas blessé ?

— Ton frère ! dit Emmanuel en laissant tomber le pistolet tout fumant encore. Ton frère ?

— Eh bien ! Emmanuel, dit Paul avec le même calme qu'il avait montré pendant toute cette scène, comprenez-vous maintenant pourquoi je ne pouvais me battre avec vous ?

En ce moment la marquise parut à la porte et s'arrêta sur le seuil, pâle comme un spectre ; puis, regardant autour d'elle avec une expression infinie de terreur, et voyant que personne n'était blessé, elle leva silencieusement les yeux au ciel, comme pour lui demander si sa colère était enfin apaisée. Elle les y laissa quelque temps fixés dans une action de grâces mentale. Lorsqu'elle les abaissa, Emmanuel et Marguerite étaient à ses genoux, tenant chacun une de ses mains et la couvrant de larmes et de baisers.

— Je vous remercie, mes enfans, dit la marquise après un instant de silence ; maintenant laissez-moi seule avec ce jeune homme.

Marguerite et Emmanuel s'inclinèrent avec l'expression du plus profond respect, et obéirent à l'ordre de leur mère.

XVIII.

La marquise ferma la porte derrière eux, fit quelques pas dans la chambre, et alla, sans regarder Paul, s'appuyer sur le fauteuil où, la veille, s'était assis le marquis pour signer le contrat. Là elle resta debout et les yeux baissés vers la terre. Paul eut un instant le désir d'aller s'agenouiller à son tour devant elle ; mais il y avait sur le visage de cette femme une telle sévérité, qu'il réprima l'élan de son cœur, et demeura immobile et attendant. Au bout d'un instant de silence glacé, la marquise prit la première la parole.

— Vous avez désiré me voir, monsieur, et je suis venue ; vous avez désiré me parler, j'écoute.

Ces mots sortirent de la bouche de la marquise sans qu'elle fît un mouvement. Ses lèvres seules tremblèrent plutôt qu'elles ne s'ouvrirent : on eût dit d'une statue de marbre qui parlait.

— Oui, madame, répondit Paul avec un accent plein de armes ; oui, oui, j'ai désiré vous parler ; il y a bien longtemps que ce désir m'est venu pour la première fois et ne m'est plus sorti du cœur. J'avais des souvenirs d'enfant qui tourmentaient l'homme. Je me rappelais une femme que j'avais vue jadis se glisser jusqu'à mon berceau, et que, dans mes rêves juvéniles, je prenais pour l'ange gardien de mes jeunes années. Depuis cette époque, si vivante encore quoique si éloignée, plus d'une fois, madame, croyez-moi, je me suis réveillé en tressaillant, comme si je venais de sentir à mon front l'impression d'un baiser maternel ; puis ne voyant personne près de moi, je l'appelais, cette femme, croyant qu'elle s'était éloignée et qu'à ma voix elle reviendrait peut-être. Voilà vingt ans que je l'appelle ainsi, madame, et voilà la première fois qu'elle me répond. Serait-il vrai, comme j'en ai souvent frissonné, que vous eussiez tremblé de me voir ? Serait-il vrai, comme je le crains en ce moment, que vous n'eussiez rien à me dire ?

— Et si j'avais craint votre retour, dit la marquise d'une voix sourde, aurais-je eu tort ? Vous m'êtes apparu hier seulement, monsieur, et voilà que le mystère terrible qui, à cette heure, ne devait-être su que de Dieu et de moi, est connu de mes deux enfans !

— Est-ce donc ma faute, s'écria Paul, si Dieu s'est chargé de le leur révéler ? Est-ce moi qui ai conduit Marguerite, éplorée et tremblante, près de son père mourant, dont elle allait demander l'appui et dont elle a entendu la confession ? Est-ce moi qui l'ai ramenée chez Achard, et n'est-ce pas vous, madame, qui l'y avez suivie ? Quant à Emmanuel, le coup que vous avez entendu et cette glace brisée font foi que j'aimais mieux mourir que de sauver ma vie aux dépens de votre secret. Non, non, croyez-moi, madame, je suis l'instrument et non le bras, l'effet et non la volonté. Non, madame, c'est Dieu qui a tout conduit dans sa providence infinie pour que vous ayez à vos pieds, comme vous venez de les y voir, les deux enfans que vous avez écartés si longtemps de vos bras !

— Mais il en est un troisième, dit la marquise d'une voix où commençait enfin à percer quelque émotion, et je ne sais ce que je dois attendre de celui-là...

— Laissez-lui accomplir un dernier devoir, madame ; et, ce devoir accompli, il demandera vos ordres à genoux.

— Et quel est ce devoir ? répondit la marquise.

— C'est de rendre à son frère le rang auquel il a droit, à sa sœur le bonheur qu'elle a perdu, à sa mère la tranquillité qu'elle implore et qu'elle ne peut trouver.

— Et cependant, reprit la marquise étonnée, grâce à vous, monsieur de Maurepas a refusé à monsieur de Lectoure le régiment qu'il lui demandait pour mon fils.

— Parce que, dit Paul, tirant le brevet de sa poche et le déposant sur la table, parce que le roi venait de me l'accorder pour mon frère.

La marquise y jeta les yeux et vit effectivement le nom d'Emmanuel.

— Et cependant, continua-t-elle, vous voulez donner Marguerite à un homme sans nom, sans fortune... et, qui plus est, proscrit ?

— Vous vous trompez, madame ; je veux donner Marguerite à celui qu'elle aime ; je veux donner Marguerite, non pas à Lusignan le proscrit, mais à monsieur le baron Anatole de Lusignan, gouverneur pour Sa Majesté de l'île de la Guadeloupe. Voilà sa commission.

La marquise laissa tomber un second regard sur le parchemin, et vit que, cette fois comme l'autre, Paul lui avait dit la vérité.

— Oui, j'en conviens, dit-elle, voilà pour l'ambition d'Emmanuel et le bonheur de Marguerite.

— Et en même temps pour votre tranquillité, à vous, madame, car Emmanuel rejoint son régiment, Marguerite suit son époux, et vous restez seule, hélas ! comme vous l'avez désiré tant de fois. La marquise soupira. N'est-ce point cela, madame, et me serais-je trompé ! continua Paul.

— Mais, murmura la marquise, comment me dégager avec le baron de Lectoure ?

— Le marquis est mort, madame. N'est-ce point une cause suffisante à l'ajournement d'un mariage, que la mort d'un mari et d'un père ?...

La marquise, pour toute réponse, s'assit dans le fauteuil, prit une plume et du papier, écrivit quelques lignes, plia la lettre, et mettant sur l'adresse le nom du baron de Lectoure, elle sonna un domestique. Après quelques secondes d'attente, pendant lesquelles Paul et elle gardèrent le silence, un domestique parut.

— Remettez, dans deux heures, cette lettre au baron de Lectoure, dit-elle.

Le domestique prit la lettre et sortit.

— Maintenant, continua la marquise en regardant Paul, maintenant, monsieur, que vous avez rendu justice aux innocens, faites grâce à la coupable. Vous avez des papiers qui constatent votre naissance ; vous êtes l'aîné ; selon la loi du moins, vous avez droit au nom et à la fortune d'Emmanuel et de Marguerite. Que voulez-vous en échange de ces papiers ?

Paul les tira de sa poche et les tint au-dessus de la flamme du foyer.

— Permettez-moi de vous appeler une seule fois ma mère, et appelez-moi une seule fois votre fils.

— Est-il possible ! s'écria la marquise en se levant.

— Vous parlez de rang, de nom, de fortune ! continua Paul en secouant la tête avec une expression de profonde mélancolie ; eh ! qu'ai-je besoin de tout cela ? Je me suis fait un rang auquel peu d'homme de mon âge sont montés ; j'ai acquis un nom qui est la bénédiction d'un peuple et la terreur d'un autre : j'amasserais, si je le voulais, une fortune à léguer à un roi. Que me font donc votre nom, votre rang, votre fortune, à moi, si vous n'avez pas autre chose à m'offrir, si vous ne me donnez pas ce qui m'a manqué toujours et partout, ce que je ne puis me créer, ce que Dieu m'avait accordé, ce que le malheur m'a repris... ce que vous seule pouvez me rendre... une mère !

— Mon fils ! s'écria la marquise, vaincue à cet accent et à ces larmes ; mon fils !... mon fils !... mon fils !

— Ah ! s'écria Paul laissant tomber les papiers dans la flamme, qui les anéantit aussitôt ; ah ! le voilà donc enfin sorti de votre cœur, ce cri que j'attendais, que je demandais, que j'implorais ! Merci, mon Dieu, merci !

La marquise était retombée assise, et Paul était à genoux devant elle, la tête cachée dans sa poitrine. Enfin la marquise lui releva le front.

— Regarde-moi, lui dit-elle. Depuis vingt ans, voilà les premières larmes qui coulent de mes yeux ! Donne-moi ta main. Elle la posa sur sa poitrine. Depuis vingt ans voilà le premier sentiment de joie qui fait battre mon cœur !... Viens dans mes bras !... Depuis vingt ans voilà la première caresse que je donne et que je reçois !... Ces vingt ans, c'est mon expiation sans doute, puisque voilà que Dieu me donne, puisque voilà qu'il me rend les larmes, la joie, les caresses !... Merci, mon Dieu !... merci, mon fils !...

— Ma mère ! dit Paul.

— Et je tremblais de le voir ! je tremblais en le revoyant ! Je ne savais pas, moi... j'ignorais quels sentimens dormaient dans mon propre cœur ! Oh ! je te bénis ! je te bénis !...

En ce moment la cloche de la chapelle se fit entendre. La marquise tressaillit. L'heure des funérailles était arrivée. Le corps du noble marquis d'Auray et celui du pauvre Achard allaient être rendus ensemble à la terre. La marquise se leva.

— Cette heure doit être consacrée à la prière, dit-elle. Je me retire.

— Je pars demain, ma mère, lui dit Paul. Ne vous reverrai-je pas ?...

— Oh ! si ! si ! s'écria la marquise. Oh ! je veux te revoir !

— Eh bien ! ma mère, je serai ce soir à l'entrée du parc. Il est un endroit qui m'est sacré, et auquel j'ai une dernière visite à rendre : je vous y attendrai. C'est là, ma mère, que nous devons nous dire adieu !

— J'irai, dit la marquise.

— Tenez, dit Paul, tenez, ma mère, prenez ce brevet et cette commission ; l'un est pour Emmanuel, l'autre est pour le mari de Marguerite. Que le bonheur de vos enfans leur vienne de vous ! Croyez-moi, ma mère, c'est à moi que vous avez le plus donné !

La marquise alla s'enfermer dans son oratoire ; Paul sortit du château et s'achemina vers la cabane de pêcheur, où nous l'avons déjà vu se rendre une fois, et près de laquelle était fixé son rendez-vous avec Lectoure. Il y trouva Lusignan et Walter.

A l'heure convenue pour la rencontre, Lectoure parut à cheval, s'orientant de son mieux pour arriver au rendez-vous, car il était sans guide, le piqueur qui l'accompagnait étant étranger comme lui aux localités. A sa vue, les jeunes gens sortirent de la cabane. Le baron les aperçut et piqua droit à eux. Aussitôt qu'il fut à une distance convenable, il mit pied à terre et jeta la bride de sa monture au bras de son domestique.

— Pardon, messieurs, dit-il en s'approchant de ceux qui l'attendaient, pardon de ce que je vous arrive ainsi seul et comme un enfant perdu ; mais l'heure choisie par monsieur, il s'inclina devant Paul, qui lui rendit son salut, était justement celle fixée pour les funérailles du marquis : j'ai donc laissé Emmanuel remplir ses devoirs de fils, et je suis venu sans témoin, espérant avoir affaire à un adversaire assez généreux pour me prêter l'un des siens.

— Nous sommes à votre dévotion, monsieur le baron, répondit Paul ; voici mes deux seconds. Choisissez, et celui que vous honorerez de votre choix deviendra à l'instant le vôtre.

— Je n'ai aucune préférence, je vous jure, répondit Lectoure ; désignez donc vous-même celui de ces deux messieurs que vous destinez à me rendre ce service.

— Walter, dit Paul, passez du côté de monsieur le baron.

Le lieutenant obéit, les deux adversaires se saluèrent une seconde fois.

— Maintenant, monsieur, continua Paul, permettez que, devant nos témoins respectifs, je vous adresse quelques mots, non pas d'excuses, mais d'explication.

— Faites, monsieur, dit Lectoure.

— Lorsque je vous dis les paroles qui nous amènent ici, les événemens qui sont arrivés depuis hier étaient encore cachés dans l'avenir : cet avenir était incertain, monsieur, et pouvait amener avec lui le malheur de toute une famille. Vous aviez pour vous madame d'Auray, Emmanuel, le marquis ; Marguerite n'avait pour elle que moi seul. Toutes les chances étaient donc pour vous. Voilà pourquoi je m'adressai directement à vous ; car, si je tombais sous vos coups, par des circonstances qui vous demeureront éternellement inconnues, Marguerite ne pouvait pas vous épouser ; si je vous tuais, la chose se simplifiait encore, et n'a pas besoin de commentaire.

— Voilà un exorde on ne peut plus logique, monsieur, répondit le baron en souriant et en fouettant sa botte avec sa cravache ; passons, s'il vous plaît, au corps du discours.

— Maintenant, reprit Paul en s'inclinant légèrement en signe d'adhésion, tout est changé : le marquis est mort, Emmanuel a sa commission de lieutenant, la marquise renonce à votre alliance, quelque honorable qu'elle soit, et Marguerite épouse monsieur le baron Anatole de Lusignan, que, pour cette raison, je ne vous ai pas donné pour témoin.

— Ah ! ah ! fit Lectoure, voilà donc ce que signifiait le billet qu'un domestique m'a remis au moment où je quittais le château. J'avais eu la niaiserie de le prendre pour un ajournement ! Il paraît que c'était un congé en bonne forme. C'est bien, monsieur ; j'attends la péroraison.

— Elle est simple et franche comme l'explication, monsieur. Je ne vous connais pas, je ne désirais pas vous connaître ; le hasard nous a conduits en face l'un de l'autre avec des intérêts divers, et nous nous sommes heurtés. Alors, comme je vous l'ai dit, défiant du destin, je voulais venir quelque peu à son aide. Aujourd'hui, tout est arrivé à ce point que ma mort ou la vôtre serait parfaitement inutile et n'ajouterait qu'un peu de sang au dénoûment de ce drame. Franchement, monsieur, croyez-vous que ce soit la peine de le verser ?

— Je serais peut-être de votre avis, monsieur, répondit Lectoure, si je n'avais pas fait une si longue route. N'ayant pas l'honneur d'épouser mademoiselle Marguerite d'Auray, je veux au moins avoir le plaisir de croiser le fer avec vous. Il ne sera pas dit que je serai venu pour rien en Bretagne. Quand vous voudrez, monsieur, continua Lectoure, tirant son épée et saluant son adversaire.

— A vos ordres, monsieur le baron. répondit Paul avec la même politesse et en l'imitant en tout point.

Les deux jeunes gens firent un pas à la rencontre l'un de l'autre. Les lames se touchèrent ; à la troisième passe, l'arme de Lectoure sauta à vingt pas de lui.

— Avant de mettre l'épée à la main, dit Paul au baron, je vous avais offert une explication ; maintenant, monsieur, je serais heureux que vous voulussiez bien agréer mes excuses.

— Et cette fois je les accepte, monsieur, répondit Lectoure avec le même laisser-aller que si rien ne s'était passé.

Ramassez mon épée, Dick. Il prit l'arme des mains de son domestique et la remit dans le fourreau. Maintenant, messieurs, continua-t-il, si quelqu'un de vous a des commissions pour Paris, j'y retourne de ce pas.

— Dites au roi, monsieur, répondit Paul en s'inclinant et en remettant à son tour son arme dans le fourreau, que je suis heureux que l'épée qu'il m'a donnée pour combattre les Anglais soit restée pure du sang de l'un de mes compatriotes.

A ces mots les deux jeunes gens se saluèrent; Lectoure remonta à cheval; puis, à cent pas de la plage, il prit directement la route de Vannes, tandis que son domestique allait chercher au château sa voiture de voyage.

— Et maintenant, monsieur Walter, dit Paul, envoyez une barque dans la crique la plus proche du château d'Auray. Que tout soit prêt à bord de la frégate pour lever l'ancre cette nuit.

Le lieutenant reprit la route de Port-Louis, et les deux amis rentrèrent dans la cabane.

Pendant ce temps, Emmanuel et Marguerite avaient accompli le funèbre devoir auquel les avait conviés la cloche des funérailles. Le marquis avait été déposé dans le sépulcre armorié de sa famille, et Achard dans l'humble cimetière qui attenait à la chapelle. Puis les deux enfans étaient remontés auprès de leur mère, qui remit à Emmanuel le brevet tant désiré, et qui accorda à Marguerite le consentement si inattendu. Alors, pour ne pas renouveler des émotions d'autant plus poignantes que ceux qui les éprouvaient les concentraient en eux-mêmes, mère et enfans s'embrassèrent une dernière fois, et se séparèrent avec la conviction intime que c'était pour ne plus se revoir.

Le reste de la journée se passa à accomplir les préparatifs du départ. Vers le soir, la marquise sortit pour se rendre au rendez-vous que lui avait donné Paul. En traversant la cour, elle aperçut d'un côté une voiture tout attelée, et de l'autre le jeune midshipman Arthur et deux matelots. Son cœur se serra à la vue de ce double apprêt. Elle continua sa route et s'enfonça dans le parc, sans céder à cette émotion, tant cette longue réaction de l'orgueil contre la nature lui avait donné de force sur elle-même.

Cependant, arrivée à une éclaircie d'où l'on apercevait la maison d'Achard, elle s'arrêta en sentant ses genoux trembler sous elle, et s'adossa contre un arbre, en appuyant la main sur son cœur comme pour en comprimer les battemens. C'est que, pareille à ces âmes que le danger présent n'a pu émouvoir, et qui tremblent au souvenir du danger passé, elle se rappelait à combien de craintes et d'émotions elle avait été en proie pendant le cours de ces vingt années, où chaque jour elle était venue à cette maison, fermée maintenant pour ne plus se rouvrir. Toutefois, elle eut bientôt surmonté cette faiblesse, et, reprenant son chemin, elle gagna la porte du parc.

Là elle s'arrêta de nouveau. Au-dessus de tous les arbres s'élevait la cime d'un chêne gigantesque dont on apercevait le feuillage de plusieurs endroits du parc. Bien souvent la marquise était restée des heures entières les yeux fixés sur son dôme de verdure; mais jamais elle n'avait osé venir se reposer sous son ombre. C'était là cependant qu'elle avait promis de joindre Paul, et que Paul l'attendait. Enfin, elle fit un dernier effort sur elle-même, et entra dans la forêt.

De loin elle aperçut un homme agenouillé et priant : c'était Paul. Elle s'approcha lentement, et, s'agenouillant à son tour, elle pria avec lui. Puis, la prière finie, ils se relevèrent tous deux, et, sans dire une parole, la marquise passa son bras autour du cou du jeune homme et appuya sa tête sur son épaule. Au bout de quelques instans de silence et d'immobilité, le bruit d'une voiture parvint jusqu'à eux. La marquise tressaillit et fit signe à Paul d'écouter : c'était Emmanuel qui rejoignait son régiment. En même temps Paul étendit la main dans la direction opposée à celle d'où venait le bruit, et montra à la marquise une barque glissant, légère et silencieuse, sur la surface de la mer : c'était Marguerite se rendant au vaisseau.

La marquise écouta le bruit de la voiture tant qu'elle put l'entendre, et suivit des yeux la barque aussi longtemps qu'elle put la voir; puis, lorsque l'un se fut éteint dans l'espace, lorsque l'autre eut disparu dans la nuit, elle se retourna vers Paul, levant les yeux au ciel et comprenant que l'heure était venue où celui sur lequel elle s'appuyait devait la quitter à son tour :

— Dieu bénisse, dit-elle, comme je le bénis, le fils pieux qui est resté le dernier auprès de sa mère !

Et, rappelant toutes ses forces, elle embrassa une dernière fois le jeune homme agenouillé devant elle; puis, s'arrachant de ses bras, elle reprit seule le chemin du château.

Le lendemain, les habitans de Port-Louis cherchèrent vainement, à la place où ils l'avaient vue encore la veille, la frégate qui depuis quinze jours était en station dans le havre extérieur de Lorient. Comme la première fois, elle avait disparu, sans qu'ils pussent deviner ni la cause de son arrivée ni le motif de son départ.

ÉPILOGUE.

Cinq ans s'étaient écoulés depuis les événemens que nous venons de raconter : l'indépendance des États-Unis avait été reconnue. New-York, la dernière place forte occupée par les Anglais, venait d'être évacuée. Le bruit du canon, qui avait retenti à la fois dans la mer des Indes et dans le golfe du Mexique, cessait de gronder sur les deux Océans. Washington, dans la séance solennelle du 28 décembre 1783, avait remis sa commission de général en chef, et s'était retiré dans son domaine de Montvernon, sans autre récompense que de recevoir et d'envoyer ses lettres par la poste sans qu'elles fussent taxées, et la tranquillité dont commençait à jouir l'Amérique s'étendait aux colonies françaises des Antilles, qui, ayant pris parti dans la guerre, avaient eu plusieurs fois à se défendre contre les tentatives hostiles de la Grande-Bretagne. Parmi ces îles, la Guadeloupe avait été plus particulièrement menacée, à cause de son importance militaire et commerciale; mais, grâce à la vigilance de son nouveau gouverneur, les tentatives de débarquement avaient toujours échoué, et la France n'avait eu à déplorer dans cette importante possession aucun accident sérieux; de sorte que, vers le commencement de l'année 1783, l'île, sans être tout à fait dépouillée d'un reste d'apparence guerrière, qu'elle conservait encore plutôt par habitude que par nécessité, était déjà cependant presque tout entière rendue à la culture des diverses productions qui font sa richesse.

Si nos lecteurs veulent bien, par un dernier effort de complaisance, nous accompagner au-delà de l'Atlantique et aborder avec nous dans le port de la Basse-Terre, nous suivrons, au milieu des fontaines jaillissantes de tous côtés, une des rues qui montent à la promenade du Champ-d'Arbaud; puis après avoir profité pendant un tiers de sa longueur à peu près de l'ombre fraîche des tamarins qui la bordent de chaque côté, nous prendrons à gauche un petit chemin battu conduisant à la porte d'un jardin qui, dans sa partie la plus élevée, domine toute la ville.

Arrivés là, qu'ils respirent un instant la brise du soir, si douce par une après-midi du mois de mai, et qu'ils jettent un coup d'œil avec nous sur cette nature luxuriante des tropiques.

Adossés comme nous le sommes aux montagnes boisées et volcaniques qui séparent la partie de l'ouest en deux versans, et parmi lesquelles s'élèvent, couronnés de leur panache de fumée et d'étincelles, les deux pitons calcinés de la Soufrière, nous avons à nos pieds, abritée par les mornes de Bellevue, de Mont-Désir, de Beau-Soleil, de l'Espérance et de Saint-Charles, la ville qui descend gracieusement vers la mer, dont les flots étincelans des derniers rayons du soleil viennent baigner les murailles ; à l'horizon, l'Océan, vaste et limpide miroir, et à notre droite et à notre gauche les plantations les plus belles et les plus riches de l'île; ce sont des carrés de caféiers, originaires d'Arabie, aux rameaux noueux et flexibles, garnis de feuilles d'un vert foncé et luisant, et de forme oblongue, pointue et ondulée, portant chacune à son aisselle un bouquet de fleurs d'un blanc de neige; des quinconces de cotonniers, couvrant d'un tapis de verdure le terrain sec et pierreux qu'ils affectionnent, et parmi lesquels apparaissent, pareils à des fourmis colossales, les nègres occupés à réduire à deux ou trois les milliers de jets qui s'élancent de chaque tige. C'est encore, au contraire, dans les cantons unis et abrités, et dans les terres grasses et généreuses, introduit aux Antilles par le juif Benjamin Dacosta, le cacaoyer au tronc élancé, aux rameaux poreux enveloppés d'une écorce fauve, et garnis de grandes feuilles oblongues, alternes et lancéolées, parmi lesquelles quelques-unes, et ce sont les pousses naissantes, semblent des fleurs d'un rose tendre qui contrastent avec le fruit long, recourbé et jaunâtre, qui fait plier les branches sous son poids. Enfin, des champs entiers de la plante découverte à Tabago, transportée en France pour la première fois par l'ambassadeur de François II, qui en fit hommage à Catherine de Médicis, d'où lui vint son nom d'herbe à la reine. Ce qui n'empêcha que, comme toute chose populaire, elle ne commençât par être excommuniée et proscrite, en Europe et en Asie, par les deux pouvoirs qui se partageaient le monde, proscrite par le grand-duc de Moscovie Michel Fédorowitch, par le sultan turc Amurat IV, par l'empereur de Perse, et excommuniée par Urbain VIII. Puis de temps en temps, s'élançant d'un seul jet et dépassant de quarante ou cinquante pieds tous les végétaux herbacés qui l'entourent, le bananier du paradis, dont, s'il faut en croire la tradition biblique, les feuilles ovales, obtuses et longues de sept ou huit pieds, rayées de nervures transversales, comme des banderoles enrubanées, servirent à faire le premier vêtement à la première femme. Enfin, régnant sur le tout, et se découpant, tantôt sur l'azur du ciel, tantôt sur le vert glauque de l'Océan, selon qu'ils s'élèvent sur la crête des montagnes ou sur les grèves de la mer, le cocotier et le palmiste, ces deux géans des Antilles, gracieux et prodigues comme tout ce qui est fort. Qu'on se figure donc ces côtes merveilleuses, coupées par soixante-dix rivières encaissées dans des lits de quatre-vingt pieds de profondeur; ces montagnes éclairées le jour par le soleil des tropiques, la nuit par le volcan de la Soufrière; cette végétation qui ne s'arrête jamais, et dont les feuilles qui poussent succèdent sans cesse aux feuilles qui tombent; ce sol enfin si sanitaire et cet air si pur, que, malgré les essais insensés que l'homme, ce propre ennemi de lui-même, en a fait, des serpens, transportés de la Martinique et de Sainte-Lucie, n'ont pu y vivre ni s'y reproduire, et qu'on juge, après les souffrances éprouvées en Europe, de quel bonheur ont dû jouir, depuis cinq ans qu'ils habitent ce paradis du monde, Anatole de Lusignan et Marguerite d'Auray, que nos lecteurs ont vu figurer au premier rang parmi les personnages du drame que nous venons de dérouler sous leurs yeux.

C'est qu'à cette vie agitée par les passions, à cette lutte du droit naturel contre le pouvoir légal, à cette suite de scènes où toutes les douleurs terrestres, depuis l'enfantement jusqu'à la mort, étaient venues jouer un rôle, avait succédé une vie sereine dont chaque jour s'était écoulé calme et tranquille, et dont les seuls nuages étaient cette vague inquiétude pour les amis éloignés qui parfois passe dans l'air et vous serre le cœur comme un pressentiment douloureux. Cependant, de temps en temps, soit par les journaux publics, soit par des bâtimens en relâche, les deux jeunes gens avaient appris quelques nouvelles de celui qui leur avait si puissamment servi de protecteur; ils avaient su ses victoires; comment, en les quittant, il avait été mis à la tête d'une escadrille et avait détruit les établissemens anglais sur les côtes d'Acadie, ce qui lui avait valu le titre de commodore; comment, dans un engagement avec *le Sérapis* et *la Comtesse de Scarborough*, et après un combat vergue à vergue qui dura près de quatre heures, il avait forcé les deux frégates à se rendre, et comment, enfin, en 1781, il avait reçu, en récompense des services qu'il avait rendus à la cause de l'indépendance, les remercîmens publics du congrès, qui lui avait voté une médaille d'or, et l'avait choisi pour commander la frégate *l'Amérique*, à qui l'on avait donné ce nom comme à la plus belle, et dont on lui confiait le commandement comme au plus brave; mais ce splendide vaisseau ayant été offert par le congrès au roi de France, en remplacement du *Magnifique*, qui avait été perdu à Boston, Paul Jones, après avoir été le conduire au Havre, s'était rendu à bord de la flotte du comte de Vaudreuil, qui projetait une expédition contre la Jamaïque. Cette dernière nouvelle avait comblé de joie Lusignan et Marguerité, car cette entreprise ramenait Paul dans leurs parages, et ils espéraient enfin revoir leur frère et leur ami ; mais la paix, comme nous l'avons dit, était survenue sur ces entrefaites, et ils n'avaient plus entendu, depuis cette époque, reparler de l'aventureux marin.

Le soir du jour où nous avons transporté nos lecteurs des côtes sauvages de la Bretagne aux rivages fertiles de la Guadeloupe, la jeune famille était, comme nous l'avons dit, rassemblée dans le jardin même où nous sommes entrés, et dominait le panorama immense dont la ville couchée à ses pieds formait le premier plan, et l'Océan semé d'îles le merveilleux lointain. Marguerite s'était promptement habituée au laisser-aller de la vie créole, et, l'âme désormais tranquille et heureuse, elle abandonnait son corps, toujours pâle, frêle et gracieux comme un lis sauvage, au doux *far niente* qui fait de l'existence sensuelle des colonies une espèce de demi-sommeil où les événemens semblent des rêves. Couchée avec sa fille dans un hamac péruvien tressé avec les fils de soie de l'aloès et brodé de plumes éclatantes fournies par les oiseaux les plus rares du tropique, balancée d'un mouvement doux et régulier par son fils, une main dans les mains de Lusignan, et le regard mollement perdu dans une incommensurable étendue, elle sentait pénétrer en elle, par l'âme e par les sens, toutes les félicités que promet le ciel, et toutes les jouissances que peut accorder la terre. En ce moment, et comme si tout avait dû concourir à compléter le tableau magique qu'elle venait contempler chaque soir, et que chaque soir elle trouvait plus merveilleux, pareil au roi de l'Océan, un navire doubla le cap des Trois-Pointes, glissant à la surface de la mer sans plus d'efforts apparens qu'un cygne qui joue sur le miroir d'un lac. Marguerite l'aperçut la première, et, sans parler, tant chaque action de la vie est une fatigue sous ce climat brûlant, elle fit un signe de la tête à Lusignan, qui dirigea ses regards du côté qu'elle lui indiquait, et suivit des yeux en silence, et comme elle, la marche rapide et gracieuse du bâtiment. A mesure qu'il approchait et que les détails fins et élégans de sa mâture apparaissaient au milieu de cette masse de toiles, qui semblait d'abord un nuage courant à l'horizon, on commençait de distinguer, au quartier de son pavillon, fascé d'argent et de gueules, les étoiles de l'Amérique, qui se détachaient sur leur champ d'azur en nombre égal à celui des Provinces-Unies. Une même idée leur vint alors à tous deux à la fois, et leurs regards se rencontrèrent tout radieux de l'espoir qu'ils allaient peut-être apprendre quelques nouvelles de Paul. Aussitôt Lusignan ordonna à un nègre d'aller chercher une longue-vue; mais déjà, avant qu'il fût revenu, une pensée plus douce encore avait fait battre le cœur des deux jeunes gens : il semblait à Lusignan et à Marguerite reconnaître pour une ancienne amie la frégate qui s'approchait. Cependant, à quiconque n'en a pas l'habitude, il est si difficile de distinguer à une certaine distance les signes qui parlent à l'œil du marin, qu'ils n'osaient croire encore à cette espérance, qui tenait plus du pressentiment instinctif que de la réalité positive; enfin, le nègre revint porteur de l'instrument désiré ; Lusignan porta la longue-vue à ses yeux et jeta un cri de joie en la passant à Marguerite : il avait reconnu à la proue la sculpture de Guillaume Coustou, et c'était l'*Indienne* qui s'avançait à pleines voiles vers la Basse-Terre.

Lusignan enleva Marguerite de son hamac et la déposa à terre, car leur premier mouvement à tous deux avait été de courir vers le port; mais alors l'idée leur vint que l'*Indienne*, que depuis près de cinq ans Paul avait quittée, lorsqu'un grade plus élevé lui avait donné droit au commandement d'un vaisseau plus fort, pouvait bien être montée par un autre capitaine, et ils s'arrêtèrent le cœur palpitant et les jambes tremblantes. Pendant ce temps le jeune Hector avait ramassé la longue-vue, et la portant à son œil comme il avait vu faire tour à tour à ses parens : « Père, dit-il, regarde donc, il y a sur le pont un officier couvert d'une redingote noire brodée d'or, pareille à celle du portrait de mon bon ami Paul. » Lusignan prit vivement la lunette des mains de l'enfant, regarda quelques secondes, et la passa de nouveau à Marguerite, qui, au bout d'un instant, la laissa tomber ; puis tous deux se jetèrent dans les bras l'un de l'autre : ils avaient reconnu le jeune capitaine qui, pour revenir près de ses amis, avait pris le costume que nous avons dit lui être le plus habituel. En ce moment, le vaisseau passa devant le fort qu'il salua de trois coups de canon, et aussitôt le fort répondit au salut par un nombre égal de coups.

Dès l'instant où Lusignan et Marguerite avaient acquis la certitude que c'était bien leur frère et leur ami qui montait l'*Indienne*, ils étaient descendus vers la rade, suivis du jeune Hector, et laissant dans le hamac la petite Blanche. Mais, de son côté, le capitaine les avait reconnus, de sorte qu'en même temps qu'ils quittaient le jardin, il avait fait mettre la yole à la mer, et que, grâce aux efforts redoublés de dix vigoureux rameurs, il avait franchi rapidement l'espace qui s'étendait du mouillage à la terre, et s'élançait sur la jetée au moment où ses amis arrivaient sur le port. De pareilles sensations sont sans paroles et ne se traduisent que par des larmes. Aussi l'expression de leur joie ressemblait-elle à la douleur. Et tous pleuraient ; jusqu'à l'enfant qui pleurait de les voir pleurer.

Après avoir donné quelques ordres relatifs au service du bâtiment, le jeune commodore prit lentement avec ses amis le chemin qu'ils avaient parcouru si vite pour venir à lui : l'expédition de monsieur Vaudreuil ayant manqué, il était revenue à Philadelphie, et la paix ayant été signée, ainsi que nous l'avons dit, avec l'Angleterre, le congrès, comme un souvenir de reconnaissance, lui avait fait don du premier vaisseau qu'il avait monté comme capitaine.

A ce récit, Lusignan et Marguerite eurent un instant de joie immense, car ils espérèrent que leur frère venait pour toujours demeurer avec eux ; mais le caractère du jeune marin était trop aventureux et trop avide d'émotions pour s'astreindre à cette vie décolorée et uniforme des habitans de la terre. Il annonça donc à ses amis qu'il n'avait que huit jours à leur donner, après lesquels il irait chercher dans une autre partie du monde une vie qui continuât celle qu'il avait menée jusqu'alors.

Ces huit jours pass rent comme un songe, et quelques instances que fissent Lusignan et Marguerite, Paul ne voulut pas même leur accorder vingt-quatre heures de plus : c'était toujours le même homme, ardent, entier, absolu, transformant en devoir les résolutions prises, et sévère pour lui-même encore plus que pour les autres.

L'heure de se quitter arriva ; Marguerite et Lusignan voulaient accompagner le jeune commodore jusque sur son bâtiment; mais Paul ne voulut pas prolonger la douleur de ces adieux. Parvenu à la jetée, il les embrassa une dernière fois, puis s'élança dans la barque, qui s'éloigna aussitôt, rapide comme une flèche. Marguerite et Lusignan la suivirent des yeux jusqu'à ce qu'elle eût disparu à tribord de la frégate, et ils remontèrent tristement, afin de la voir partir, sur le plateau d'où ils l'avaient vue arriver.

Au moment où ils y parvinrent, cette activité intelligente qui précède le moment du départ régnait à bord de la frégate. Les matelots, assemblés au cabestan, commençaient à virer le câble, et, grâce à la limpidité de l'air, leur cri sonore et enjoué parvenait jusqu'aux deux jeunes gens. Le bâtiment arrivait lentement sur son ancre ; bientôt on vit la double dent de fer sortir de l'eau, puis les voiles tombèrent successivement des vergues, depuis celles de perroquet jusqu'aux plus basses ; le navire, comme doué d'un sentiment instinctif et animé, tourna sa proue vers la sortie du port, et commençant à se mouvoir, fendit l'eau d'un mouvement aussi facile que s'il glissait à sa surface. Alors, comme si désormais la frégate pouvait être abandonnée à sa propre volonté, on vit le jeune commodore monter sur le gaillard d'arrière et tourner toute son attention, devenue inutile à la manœuvre, vers la terre qu'il quittait. Lusignan tira aussitôt son mouchoir et fit un signal auquel Paul répondit ; puis, lorsqu'il ne leur fut plus possible de se voir à l'œil nu, chacun d'eux eut recours à la lunette, et, grâce à cet ingénieux instrument, ils retardèrent d'une heure encore cette séparation, que des deux côtés chacun pressentait sentimentalement devoir être éternelle. Enfin le navire diminua graduellement à l'horizon en même temps que la nuit descendait du ciel : alors Lusignan fit apporter un amas de branches sur le plateau, et ordonna d'y mettre le feu, afin que les regards de Paul, dont la frégate commençait à se perdre dans l'obscurité, pussent continuer de se fixer sur ce phare jusqu'à ce qu'il eût doublé le cap des Trois-Pointes. Depuis une heure déjà, Marguerite et Lusignan avaient complétement perdu de vue le navire, qui, grâce à leur foyer entretenu clair et brillant, pouvait les apercevoir encore, lorsqu'une flamme pareille à un éclair sillonna l'horizon ; quelques secondes après, le bruit d'un coup de canon parvint à leurs oreilles, pareil au grondement sourd et prolongé du tonnerre ; puis tout rentra dans la nuit et dans le silence. Lusignan et Marguerite avaient reçu le dernier adieu de Paul.

Maintenant, quoique le drame intime que nous avions pris l'engagement de raconter soit réellement terminé ici, quelques uns de nos lecteurs auront peut-être pris assez d'intérêt au jeune aventurier dont nous avons fait le héros de cette histoire, pour désirer de le suivre dans la seconde partie de sa carrière ; à ceux-là nous allons, en les remerciant de l'attention qu'ils nous accordent, dérouler purement et simplement les faits que des recherches minutieuses sont parvenues à porter à notre connaissance.

A l'époque où nous sommes arrivés, c'est-à-dire au mois de mai 1784, l'Europe tout entière était à peu près retombée dans cet état de torpeur que les hommes imprévoyans prennent pour la tranquillité, et que les esprits plus profonds regardent comme ce repos morne et momentané qui précède la tempête. L'Amérique, par son affranchissement, avait préparé la France à sa révolution : rois et peuples, défians les uns des autres, se tenaient de chaque côté sur leurs gardes, invoquant ceux-ci le fait et ceux-là le droit. Un seul point de l'Europe semblait vivant et agité au milieu de ce sommeil général : c'était la Russie, que le czar Pierre avait portée au rang des Etats civilisés, et que Catherine II commençait à inscrire au nombre des puissances européennes. Pierre III, devenu odieux aux Russes par un caractère sans noblesse, par des vues politiques sans portée, et surtout par son idolâtrie pour les mœurs et la discipline prussiennes, avait été déposé sans opposition et étranglé sans lutte. Catherine s'était donc trouvée, à l'âge de trente-deux ans, maîtresse d'un empire qui couvre de sa superficie la septième partie du globe; son premier soin avait été de s'imposer par sa puissance même comme médiatrice entre les peuples voisins qu'elle voulait faire relever d'elle. Ainsi elle avait forcé les Courlandais à chasser leur nouveau duc, Charles de Saxe, et à rappeler Biren; elle avait envoyé ses ambassadeurs et ses armées pour faire couronner à Varsovie, sous le nom de Stanislas-Auguste, son ancien amant Poniatowski; elle s'était alliée avec l'Angleterre; elle avait associé à sa politique les cours de Berlin et de Vienne; et cependant ces grands projets de politique étrangère ne lui faisaient pas oublier l'administration intérieure, et dans les intervalles de ses amours si souvent renouvelées, elle trouvait le temps de récompenser l'industrie, d'encourager l'agriculture, de réformer la législation, de créer une marine, d'envoyer Pallas dans des provinces dont on ignorait jusqu'aux productions, Blumager dans l'archipel du Nord, et Billings dans l'océan Oriental; enfin, jalouse de la réputation littéraire de son frère le roi de Prusse, elle écrivait, de la même main qui signait l'érection d'une nouvelle ville, la sentence de mort du jeune Ivan, ou le partage de la Pologne, la *Réfutation du voyage en Sibérie*, par l'abbé Chappe, un roman *le czarovich Chlore*; des pièces de théâtre, parmi lesquelles une traduction en français d'*Oleg*, drame de Derschawin; de sorte que Voltaire l'appelait la Sémiramis du Nord, et que le roi de Prusse la plaçait, dans ses lettres, entre Lycurgue et Solon.

On devine l'effet que produisit au milieu de cette cour voluptueuse et chevaleresque l'arrivée d'un homme comme notre marin. La réputation de courage qui l'avait rendu la terreur des ennemis de la France et de l'Amérique, l'avait précédé près de Catherine, et, en échange du don qu'il lui fit de sa frégate, il reçut le grade de contre-amiral. Alors, le pavillon de la Russie, après avoir fait le tour de la moitié du vieux monde, apparut dans les mers de la Grèce, et, sur les ruines de Lacédémone et du Parthénon, celui qui venait d'accomplir l'affranchissement de l'Amérique rêva le rétablissement des républiques de Sparte et d'Athènes. Enfin, le vieil empire ottoman fut ébranlé jusque dans sa base; les Turcs, battus, signèrent la paix à Kaïnardji. Catherine retint pour elle Azof, Tangarok et Kinburn, se fit accorder la libre navigation de la mer Noire et l'indépendance de la Crimée; alors, devenue dominatrice de la Tauride, elle désira connaître ses nouvelles possessions. Paul, rappelé à Saint-Pétersbourg, l'accompagna dans ce voyage tracé par Potemkin. Sur une route de près de mille lieues, tous les prestiges d'un triomphe continuel furent offerts à la conquérante et à sa suite : c'étaient des feux allumés sur toute la longueur du chemin, des illuminations éclatant comme par féerie dans toutes les villes, des palais magnifiques élevés pour un jour au milieu des campagnes désertes, et disparaissant le lendemain; des villages se groupant comme sous la baguette d'un enchanteur dans les solitudes où huit jours auparavant les Tatars paissaient leurs troupeaux; des villes apparaissaient à l'horizon, dont il n'existait que les murailles extérieures; partout des hommages, des chants, des danses; une population pressée sur la route, et, la nuit, courant, pendant que l'impératrice dormait, s'échelonner de nouveau sur le chemin que sa souveraine devait parcourir en se réveillant; un roi et un empereur marchant à ses côtés, et s'intitulant, non pas ses égaux, mais ses courtisans; enfin, un arc de triomphe élevé au terme du voyage, avec cette inscription qui révélait, sinon l'ambition de Catherine, du moins la politique de Potemkin : *C'est ici le chemin de Byzance.* Alors, la Russie s'affermit dans sa tyrannie comme l'Amérique dans son indépendance.

Catherine offrit à son amiral des places à rassasier un courtisan, des honneurs à combler un ambitieux, des terres à consoler un roi d'avoir perdu un royaume; mais c'était le pont mouvant de son vaisseau, c'était la mer avec ses combats et ses tempêtes, c'était l'Océan immense et sans bornes qu'il fallait à notre aventureux et poétique marin. Il quitta donc la cour brillante de Catherine comme il avait quitté l'assemblée sévère du congrès, et vint chercher en France ce qui lui manquait partout ailleurs, c'est-à-dire une vie d'émotions, des ennemis à combattre, un peuple à défendre. Paul arriva à Paris au milieu de nos guerres européennes et de nos luttes civiles, tandis que d'une main nous étouffions l'étranger, et que de l'autre nous déchirions nos propres entrailles. Ce roi qu'il avait vu dix ans auparavant chéri, honoré, puissant, était, à cette heure, captif, méprisé, sans forces. Tout ce qui était élevé s'abaissait, les grands noms tombaient comme les hautes têtes. C'était le règne de l'égalité, et la guillotine était le niveau. Paul s'informa d'Emmanuel; on lui dit qu'il était proscrit. Il demanda ce qu'était devenue sa mère, on lui répondit qu'elle était morte. Alors il lui prit un immense besoin de visiter une fois encore, avant de mourir lui-même, les lieux où il avait, douze ans auparavant, éprouvé des émotions si douces et si terribles. Il partit pour la Bretagne, laissa sa voiture à Vannes, et prit un cheval comme il l'avait fait le jour où il avait vu pour la première fois Marguerite; mais ce n'était plus le jeune et enthousiaste marin, aux désirs et aux espérances sans horizon : c'était l'homme désillusionné de tout, parce qu'il a tout goûté, miel et absinthe; tout approfondi, hommes et choses; tout connu, gloire et oubli. Aussi, ne cherchait-il plus une famille, il venait visiter des tombeaux.

En arrivant en vue du château, il tourna les yeux vers la maison d'Achard, et, ne la voyant plus, il tâcha de s'orienter par la forêt; mais la forêt semblait s'être évanouie par enchantement. Elle avait été vendue, comme propriété nationale, à vingt-cinq ou trente fermiers des environs, qui l'avaient défrichée et en avaient fait une vaste plaine. Le grand chêne avait disparu, et la charrue avait passé sur la tombe ignorée du comte de Morlaix, dont l'œil même de son fils ne pouvait plus reconnaître la place.

Alors, il prit la porte du parc et s'avança vers le château, plus sombre et plus triste encore à cette heure qu'il ne l'était autrefois; il n'y avait plus qu'un vieux concierge, ruine vivante au milieu de ces ruines mortes. On avait eu d'abord l'intention d'abattre le manoir comme la forêt : mais la réputation de sainteté de la marquise, conservée religieusement dans le pays, avait protégé les vieilles pierres qui, pendant quatre siècles, avait abrité sa famille. Paul visita les appartemens que, depuis trois ans, l'on n'avait point ouverts et que l'on rouvrit pour lui. Il parcourut la galerie des portraits; elle était restée telle qu'il l'avait vue autrefois, mais aucune main pieuse n'avait ajouté à l'antique collection les portraits du marquis et de la marquise. Il entra dans la bibliothèque où il s'était caché, retrouva à la même place un livre qu'il avait ouvert, l'ouvrit et relut les pages qu'il avait lues; puis, il poussa la porte qui donnait sur la chambre du contrat, où s'étaient passées les scènes les plus animées du drame dont il avait été le principal acteur. La table était à la même place, et la glace au cadre de Venise, qui se trouvait sur la cheminée, brisée encore par la balle du pistolet d'Emmanuel. Il alla s'appuyer contre le chambranle de la cheminée, et demanda des détails sur les dernières années de la marquise.

Ils étaient simples et sévères, comme tout ce que l'on connaissait d'elle. Restée seule au château ainsi que nous l'avons dit, sa vie toute entière s'était uniformément écoulée dans trois endroits différens : son oratoire, le caveau où dormait son mari, et l'espace abrité par le chêne au pied duquel avait été enterré son amant. Pendant huit ans encore, après la soirée où Paul avait pour la dernière fois pris congé d'elle, on l'avait vue errer dans ces vieux corridors et dans ces sombres allées, pâle et lente comme une ombre; puis enfin, une maladie de cœur, causée par les émotions amassées dans sa poitrine, s'était déclarée; elle avait été s'affaiblissant toujours; enfin, un soir qu'elle ne pouvait plus marcher, elle s'était fait porter au pied du chêne, sa promenade favorite, pour voir une fois encore, disait-elle, le soleil se coucher dans l'Océan, ordonnant qu'on vînt la reprendre dans une demi-heure. A leur retour, ses gens la trouvèrent évanouie. Ils la transportèrent vers le château;

elle revint à elle dans le trajet, et, au lieu de se faire conduire à sa chambre, elle ordonna qu'on la descendît dans le caveau de sa famille. Là, elle eut la force de s'agenouiller encore au tombeau de son mari et de faire de la main signe qu'on la laissât seule. Quelque imprudence qu'il y eût de le faire, on obéit, car elle était habituée à ne jamais répéter deux fois le même ordre. Cependant, au lieu de sortir, les domestiques restèrent dans un enfoncement, afin d'être prêts à la secourir. Au bout d'un instant, ils la virent se coucher sur la pierre devant laquelle elle priait. Ils crurent qu'une seconde fois elle était évanouie; ils accoururent, elle était morte.

Paul se fit conduire danr les caveaux, y entra lentement et la tête découverte; puis arrivé à la pierre qui couvrait la tombe de sa mère, il s'agenouilla devant elle. Elle présentait cette seule inscription, que l'on peut voir encore dans une des chapelles de l'église de la petite ville d'Auray, où elle a été transportée depuis, et que la marquise elle-même avait, avant de mourir, laissée à cette intention :

CI-GIT
TRÈS HAUTE ET TRÈS PUISSANTE DAME
MARGUERITE BLANCHE DE SABLÉ,
MARQUISE D'AURAY,
NÉE LE 2 AOUT 1729,
MORTE LE 2 SEPTEMBRE 1788.

—

Priez pour elle et pour *ses* enfans.

Paul leva les yeux au ciel avec une expression infinie de reconnaissance. Sa mère, qui si longtemps l'avait oublié pendant sa vie, s'était souvenue de lui dans son inscription funéraire.

Six mois après, la Convention nationale décida en séance solennelle qu'elle assisterait aux funérailles de Paul Jones, ancien commodore de la marine américaine, mort à Paris le 7 juillet 1793, et dont l'inhumation devait avoir lieu au cimetière du Père-Lachaise.

Cette décision avait été prise, dit l'arrêté, ***pour consacrer en France la liberté des cultes.***

FIN DU CAPITAINE PAUL.

Paris. — Imprimerie J. VOISVENEL, rue du Croissant 16.

www.ingramcontent.com/pod-product-compliance
Lightning Source LLC
LaVergne TN
LVHW020628110826
845149LV00004B/1085

* 9 7 8 2 0 1 1 8 5 5 9 6 1 *